禁止标志

禁止穿带钉鞋

禁止戴手套

禁止启动

禁止合闸

禁止用水灭火

禁止放易燃物

禁止吸烟

禁止入内

禁止烟火

禁止触摸　禁止跨跃

警告标志

 当心扎脚
当心吊物
 当心绊倒
 当心坠落

 当心落物
 当心坑洞
 当心烫伤
 当心弧光

 当心滑跌
 当心塌方
 当心冒顶
 当心火灾

当心瓦斯
 当心电离辐射

警告标志

 当心裂变物质
 当心火车
 当心激光
 当心微波

 当心腐蚀
 当心车辆
 当心感染
 当心中毒

 当心爆炸
 当心触电
 当心电缆
 当心机械伤人

 当心伤手
 注意安全

命令标志

必须穿救生衣

必须戴防护手套

必须戴防毒面具

必须戴防护眼镜

必须穿防护服

必须戴护耳器

必须戴防护帽

必须穿防护鞋

必须戴防尘口罩

必须系安全带

必须加锁

必须戴安全帽

内 容 提 要

为了贯彻党中央关于加强农民技术培训的指示精神，帮助农民更好地依靠科技致富奔小康，金盾出版社与河北农业大学科教兴农培训中心共同策划，选择农民致富最常见的农业技术项目，约请热心农技推广的专家、教授编写，出版了这套"科技兴农富民培训教材"，共 20 分册。该套"教材"从现阶段农村技术需求和农民的文化技术基础出发，较好地体现了农村短期技术培训的特点和金盾版农业图书通俗、实用、价廉的特色。这套教材的出版，得到了河北省扶贫开发办公室和联合国教科文组织国际农村教育研究与培训中心的热情支持。

本书是这套培训教材的一个分册，内容包括：进城务工前的准备，进城后的工作选择、生活安排、权利维护、劳动保护、社会保险及对未来发展的谋划等七个方面。可作为组织农民进城务工前的培训教材，也可供进城务工农民自学使用。

图书在版编目(CIP)数据

农民进城务工指导教材/马长海，袁淑辉编著.—北京：金盾出版社，2005.4
（科技兴农富民培训教材）
ISBN 978-7-5082-3504-2

Ⅰ．农⋯　Ⅱ．①马⋯②袁⋯　Ⅲ．农民-劳动就业-中国-技术培训-教材　Ⅳ．D669.2

中国版本图书馆 CIP 数据核字(2005)第 004847 号

金盾出版社出版、总发行

北京太平路 5 号(地铁万寿路站往南)
邮政编码：100036　电话：68214039　83219215
传真：68276683　网址：www.jdcbs.cn
彩色印刷：北京精美彩印有限公司
黑白印刷：北京金盾印刷厂
装订：永胜装订厂
各地新华书店经销

开本：787×1092 1/32　印张：5.375　彩页：4　字数：115 千字
2009 年 4 月第 1 版第 5 次印刷
印数：37001—67000 册　定价：8.00 元

(凡购买金盾出版社的图书，如有缺页、
倒页、脱页者，本社发行部负责调换)

科技兴农富民培训教材

农民进城务工指导教材

编著者

马长海　袁淑辉

金盾出版社

致 辞

世界二分之一以上的人口以及三分之二以上的贫困人口生活在农村地区。中国是世界上农业人口最多的国家,据2000年11月1日普查,乡村人口占63.91%。中国政府始终把农民脱贫致富看作是关系到国民经济能否持续、稳定发展的大问题。

近几十年来,中国农村中小学教育的发展,使农村劳动力的受教育水平有了显著的提高,但与城市居民相比,中国农民受教育程度总体上还不高,科学文化素质较低。随着农业经济的发展,农民迫切希望获得有关经济作物种植技术、农产品加工、家畜饲养等多方面的科技知识。而那些渴望摆脱贫困走向富裕的农民,更是急切地企盼通过便捷的学习新科学技术的途径,迅速发家致富。但他们缺乏与农业技术推广部门的沟通,也很少有机会得到专项培训和与公共服务部门的接触。

当前中国农业推广事业的发展,还没能使技术在农民增收中发挥最大作用,"科技兴农富民培训教材"系列图书的出版,为农民培训提供了丰富而可供选择的教材,使广大农民能够从中学到既先进又实用的新知识、新技术、新信息,这是一件提高农民素质,引导农民科学经营农业,不断增加收入的基础性、公益性益举。

国际农村教育研究与培训中心是中国政府和联合国教科文组织合作建立在中国的国际教育机构。自1994年成立以来,始终致力于农村教育思想、方法、技术的国际研究与传播,促进教科文各会员国之间对农村地区人力资源开发政策和战略的磋商与合作。河北农业大学科教兴农中心一直是我们密切合作的伙伴。他们情系农民、农村,心系农业创新与发展,始终如一。现在他们组织的"科技兴农富民培训教材"出版了,可喜可贺。愿该系列图书不仅给中国也给其他可适用国家和地区的农民带来切实的经济效益。

联合国教科文组织
国际农村教育研究与培训中心

2004年12月30日

序

当前,我国已经进入建设全面小康社会和加快推进社会主义现代化建设新的历史时期。解决好"三农"问题,直接关系经济社会的持续、快速、健康发展。党中央、国务院高度重视"三农"工作,把解决好"三农"问题作为全党和全部工作的重中之重,制定了一系列惠农政策,实行城乡统筹,加大对"三农"的投入力度。

农民增收是"三农"问题的核心。增加农民收入,必须大力拓宽农民就业渠道,加快农民向非农产业转移步伐,逐步减少农民数量。加强农民培训,使广大农民尽快掌握科技文化知识和生产技能,提高农民素质,是扩大农民就业、实现农民增收的重要途径。当前,科技发展日新月异,科技进步对推动经济社会发展的作用日趋突出。增强农业、农村经济市场竞争力,推进农村小康建设,必须加大农业科技推广力度,促进科技进村入户,提高农民运用科技增收致富的本领。

河北省扶贫开发办公室和河北农业大学联合组织编写的这套《科技兴农富民培训教材》系列丛书,以培训农民为对象,以种植业、养殖业致富实用技术为重点,通俗易懂,简便易行,针对性、实用性、可操作性都很强,是农民脱贫致富的金钥匙。丛书的出版发行,对我省农业、农村经济发展必将起到有力的推动作用。

预祝"丛书"的出版发行取得圆满成功。

宋恩华

2005年3月16日

注:宋恩华同志现任河北省人民政府副省长

科技兴农富民培训教材编辑委员会

主　任

计卫舸　徐阆廷

副主任

马峙英　薛庆林　孙双全　许亚平　李怀英　邹春凤

编　委（以姓氏笔画为序）

于洪春　马长海　王金春　王江柱　王凤辰　卢众民
左玉龙　左奎旺　刘增群　李　明　李同洲　李建国
李青云　谷子林　宋清洲　张广华　苑社强　陈海江
陈广义　陈天恩　周俊义　周宏宇　皇甫中泗　赵　静
袁淑辉　高志奎　曹玉凤　崔玲先　葛会贤　解金斗
臧素敏

通讯地址：河北省保定市河北农业大学经济学院
邮政编码：071001
咨询电话：0312-7526153

目 录

一、进城务工应做的准备 …………………………………（1）
1. 进城务工方式有哪些选择？ …………………………（1）
2. 进城务工人员应具备哪些基本条件？ ………………（3）
3. 进城务工应具备哪些素质？ …………………………（4）
4. 为什么没有做好充分准备不能进城务工？ …………（6）
5. 要进城务工自己承包的土地怎么办？ ………………（7）
6. 进城务工前应该办理哪些证件？ ……………………（8）
7. 到哪些地方务工需要办理边境通行证？ ……………（9）
8. 如何办理边境通行证？ ………………………………（10）
9. 想进城务工应该主动参加哪些培训？ ………………（11）
10. 进城务工的旅途中应该注意些什么？ ………………（12）
11. 乘坐火车需要注意些什么？ …………………………（13）
12. 怎样乘坐长途汽车？ …………………………………（14）
13. 乘坐轮船需要注意什么？ ……………………………（15）
14. 进城后需要办理哪些证件和手续？ …………………（16）
15. 在务工城镇如何办理《暂住证》？ …………………（16）
16. 在务工城镇如何办理《外来人员就业证》？ ………（17）
17. 在务工城镇如何办理《外来人员婚育证》？ ………（18）
18. 如何办理职业资格证书？ ……………………………（18）

二、进城后的工作选择 ……………………………………（20）
1. 进城务工主要集中在哪些行业？ ……………………（20）
2. 为什么要选择适合自己的工作？ ……………………（21）

3. 怎样判断自己适合什么样的工作？……………(22)
4. 找工作有技巧吗？……………………………(23)
5. 找工作应该注意哪些问题？……………………(24)
6. 找工作应避免哪些误区？………………………(25)
7. 找工作如何避免受骗？…………………………(26)
8. 企业在招聘过程中都需要什么手续和相关的证件？
 ……………………………………………(29)
9. 在劳动力市场可以获得哪些信息？……………(30)
10. 如何对待各种招聘信息？………………………(31)
11. 面试前要做什么准备，面试时如何给对方留下良
 好的第一印象？………………………………(31)
12. 怎样对待自己的工作？…………………………(34)
13. 什么情况下可以调换工作？……………………(35)
14. 调换工作需要注意哪些问题？…………………(36)
15. 建筑业的主要工种有哪些？……………………(37)
16. 建筑业对务工者的素质有何要求？……………(37)
17. 室内装修业对务工者的素质有何要求？………(38)
18. 应聘建筑业技术工种为什么必须有相应的技术
 资格证书？……………………………………(40)
19. 应聘建筑业的职业技术工种为什么必须通过技术
 培训？…………………………………………(42)
20. 承包商拖欠工资怎么办？………………………(42)
21. 从事家政服务业有哪些素质要求？……………(43)
22. 应通过哪些渠道寻找家政服务工作？…………(45)
23. 从事家政服务应办理哪些手续？………………(45)
24. 家政服务员应注意哪些问题？…………………(46)
25. 家政服务可供选择的工作类型有哪些？………(47)

26. 从事餐饮业有哪些素质要求？ …………………… (48)
27. 从事修理业有哪些素质要求？ …………………… (49)
28. 从事服装加工业有哪些素质要求？ ……………… (50)
29. 从事书刊零售业有哪些素质要求？ ……………… (50)
30. 从事美容美发业有哪些素质要求？ ……………… (51)
31. 从事保安工作有哪些素质要求？ ………………… (52)
32. 从事个体经营需要具备哪些基本条件？ ………… (53)
33. 从事推销业有哪些基本要求？ …………………… (54)

三、进城后的生活安排……………………………………… (55)
1. 怎样才能与城里人相处好？ ……………………… (55)
2. 城镇有哪些常见的日常行为规范和生活习惯？ … (56)
3. 怎样使用公用电话？ ……………………………… (57)
4. 怎样查询电话号码？ ……………………………… (57)
5. 怎样使用紧急求救电话？ ………………………… (58)
6. 怎样租用出租房？ ………………………………… (58)
7. 怎样在银行和信用社办理存款手续？ …………… (59)
8. 怎样办理和使用银行储蓄卡？ …………………… (60)
9. 怎样在邮局寄取钱物？ …………………………… (61)
10. 在城市迷路了怎么办？ …………………………… (62)
11. 城市生活中需要提防的骗局有哪些？ …………… (62)
12. 怎样去求医治病？ ………………………………… (65)
13. 居民身份证丢了怎么办？ ………………………… (66)
14. 钱物丢失怎么办？ ………………………………… (67)
15. 到达务工地之后水土不服怎么办？ ……………… (68)
16. 如何防止和救治食物中毒？ ……………………… (69)
17. 如何防止和救治煤气中毒？ ……………………… (71)
18. 发生火灾怎么办？ ………………………………… (72)

19. 全家外出务工,孩子的教育怎么办? …………… (73)
20. 怎样安排自己的业余生活? ………………………… (74)
21. 女性该如何保护自身的安全? …………………… (76)
22. 如何处理打工挣钱和学习技能的关系? ………… (77)

四、进城后的权益维护………………………………………… (79)
　1.《劳动法》规定务工者享有哪些权利和义务? … (79)
　2. 进城务工者哪些权益容易受到侵犯? ………… (79)
　3. 务工者如何维护自己的权益? ………………… (81)
　4. 什么是劳动合同? ……………………………… (81)
　5. 什么是劳务合同?与劳动合同有什么区别? … (82)
　6. 为什么一定要签订劳动合同? ………………… (83)
　7. 签订劳动合同时应该注意什么? ……………… (83)
　8. 怎样识别和避免签订无效劳动合同? ………… (85)
　9. 哪些情形用人单位可以解除劳动合同? ……… (86)
　10. 那些情形务工者可以解除劳动合同? ………… (87)
　11. 什么是最低工资和最低工资标准? …………… (87)
　12. 关于工作时间国家有什么规定? ……………… (87)
　13. 支付多少加班工资才是合理的? ……………… (88)
　14. 用人单位克扣或者无故拖欠工资怎么办? …… (88)
　15. 什么是劳动争议? ……………………………… (89)
　16. 如何解决劳动争议? …………………………… (89)
　17. 申请劳动仲裁有哪些条件? …………………… (90)
　18. 劳动仲裁的程序有哪些? ……………………… (91)
　19. 如何申请法律援助? …………………………… (91)

五、务工者的劳动保护………………………………………… (93)
　1. 什么是劳动保护? ……………………………… (93)
　2. 劳动者在劳动保护方面享有哪些基本权利? … (93)

3. 劳动者在安全生产方面负有哪些基本义务？ …… (94)
4. 女职工享有哪些特殊的劳动保护？ ………… (95)
5. 国家关于禁止使用童工是如何规定的？ …… (96)
6. 未成年工享有哪些基本的劳动保护？ ……… (98)
7. 务工者应熟悉哪些基本的安全标志？ …… (100)
8. 使用劳保用品有哪些要求？ ………………… (101)
9. 特种作业有哪些种类？ ……………………… (102)
10. 从事特种作业需要具备哪些条件？ ……… (102)
11. 职业危害因素有哪些种类？ ……………… (103)
12. 如何预防职业危害？ ……………………… (104)
13. 什么是职业病？？ ………………………… (104)
14. 患了职业病怎么办？ ……………………… (105)
15. 关于职业病国家有哪些政策规定？ ……… (105)
16. 如何预防噪声危害？ ……………………… (106)
17. 如何预防粉尘危害？ ……………………… (107)
18. 如何预防有毒有害物质危害？ …………… (108)
19. 如何对中暑者进行救护？ ………………… (109)

六、务工期间的社会保险 ……………………… (111)
1. 什么是社会保险？ …………………………… (111)
2. 进城务工者为什么要参加工伤保险？ ……… (112)
3. 什么是工伤？ ………………………………… (113)
4. 受了工伤怎么办？ …………………………… (113)
5. 如何申请劳动能力鉴定？ …………………… (114)
6. 参加工伤保险的进城务工者可享受哪些待遇？ … (115)
7. 哪些情况不能享受工伤保险待遇？ ………… (117)
8. 单位经营情况发生变化后工伤保险待遇是否也要随之发生变动？ ……………………………… (117)

9. 如何参加基本医疗保险？ (118)
10. 参加养老保险有什么好处？ (119)
11. 什么是个人账户和社会统筹？ (119)
12. 参加基本医疗保险后如何就医？ (120)
13. 如何办理养老保险关系的转移？ (121)
14. 如何申领养老保险金？ (122)

七、未来发展的谋划 (123)
1. 如何正确判断自己的未来方向？ (123)
2. 理想和现实的矛盾如何协调？ (124)
3. 城镇能否成为你的最终归宿？ (125)
4. 要想成为一个城里人应具备哪些条件？ (126)
5. 回到家乡怎么办？ (127)
6. 怎么才能"自学成才"？ (129)
7. 学到手的技术回到家乡还有没有用？ (129)
8. 少投资也可以挣钱的职业有哪些？ (131)
9. 务工成功的典型事例 (132)

附录1 国务院办公厅"关于做好农民进城务工就业管理和服务工作的通知" (138)

附录2 国务院办公厅"关于进一步做好改善农民进城就业环境工作的通知" (144)

附录3 各省、自治区、直辖市劳动保障厅（局）劳动保障监察举报电话 (150)

附录4 2004年各省、自治区、直辖市最低工资标准 (152)

主要参考文献 (154)

一、进城务工应做的准备

进入城镇,找一份工作、挣些钱,学些技术、开阔眼界增长见识,无论你抱着什么样的目的,寄予什么样的希望,都要离开家乡,到一个人生地不熟的地方开始新的生活。在做出决定之前,你是否做好了进城的准备?本部分将主要介绍进城务工前应做的准备工作。

1. 进城务工方式有哪些选择?

从以往的经验来看,进城务工的方式主要有以下几种。

(1) **亲戚朋友介绍** 这是目前农民进城务工最主要的途径之一,这种方式的好处十分明显,不用花钱,而且亲友一般是比较可靠的。因此,如果想出去打工,可以想一下有没有在城市里工作的亲戚或者在城市里务工的同乡、朋友,有的话可以多找这些人了解情况,获得一些外面的就业信息,或者直接找他们帮忙介绍工作。但是对于社会关系较少、交往面比较窄的人,靠这种方式外出就比较困难了,可以尝试其他途径。同乡的帮助也是重要的,许多进城务工者就是在同乡的介绍下,一带十、十带百而形成的进城务工群体。但必须注意,如果你对这位同乡有较深的了解,并且是可以信赖的,那么通过他介绍工作是比较好的进城务工途径。如果你的这位同乡素来品行不端,那就不能轻易相信,否则,很可能会误入歧途。

(2) **用人单位直接到当地招工** 有些城镇用人单位需要招用数量较多的劳动力时,会派人或者委托当地相应的职业介绍机构直接到当地招工。这种方式不仅给想进城务工的人节约了找工作的时间,而且还可以面对面地咨询工种、报酬等相关事项,给进城务工者提供了很大的方便。但需要注意的是,一定要仔细查验招工人员和用人单位的证件和资历,以防上当受骗。

(3)参加政府部门组织的劳务输出 目前一些地方的劳动保障部门,为了发展地方经济,使本地农民脱贫致富,利用各种渠道大力开展劳务输出,帮助本地富余农村劳动力到外面务工。这种方式的优点是信息真实可靠,管理比较规范,工资、待遇都有保障,工作条件比较好,而且往往还有既多又方便的后续服务,是目前农民朋友外出务工最理想的途径。但是这种方式费用较高,手续也比较复杂,而且往往受到数量限制,"僧多粥少",能赶上一次不容易。

(4)由私人老板或者包工头带出去 那些有一定经济实力或者有一定"门路"的人,在外做了包工头,经常回到家乡大量招募同乡给自己打工,工资等结完工程款一次付清,劳动期间的基本生活费用由包工头负担。目前,大部分从事建筑业的农民工都是通过这种方式出去的。这种方式常常不用或者不能签订正式的劳动合同,双方之间的劳动关系只能靠口头承诺来维系,所以在外出之前一定要通过各种途径了解老板或者包工头的人品和信誉,特别是以前跟其出去的人是不是能够顺利拿到工钱等等。

(5)只身一人闯天下 在没有其他途径的情况下,只身一人根据可能的工作机会,到城镇寻求发展。这种方式比较自由,机遇较多,但风险也较大。要求务工者事先做好充分的心理准备,对所要前往的城市的劳动力供求状况有一定的了解,同时还要具有较高的素质和抵抗挫折的能力,比较适合有多年外出打工经验的人。对于初次外出务工的人来说,这不是一个好的选择。

2. 进城务工人员应具备哪些基本条件？

无论做什么工作，都有一些基本的条件限制，进城务工也是一样。我国有关部门对进城务工人员的条件做了一些基本规定，只有符合了这些条件的农民朋友才有进城务工的机会。这些条件主要包括：

(1) **年满 16 周岁**　也就是说要达到法定年龄。这既是我国《未成年人保护法》的明确规定，也是在已经颁布的《农村劳动力跨省流动就业管理暂行规定》中的强制要求。要想外出务工首先要满足这一基本条件，如果还没有达到法定的就业年龄，最好先暂时放弃这一打算，继续完成学业或者留在农村做一些力所能及的农活。我国法律规定对雇用 16 周岁以下的未成年人进行劳动的企业或者个人要进行严厉的处罚，所以任何企业都不会轻易接纳未成年人。

(2) **具备必要的职业技能**　在现今剩余劳动力大量存在的就业形势下，如果不具备一定的职业技术能力，很难找到和适应工作。我国实行"先培训，后就业"的原则，规定无论从事技术工作还是简单工作，都需要接受有关部门的培训。虽说这一政策在现阶段还不能完全彻底地落实，但想进城务工的农民朋友至少要在大致确定务工方向的基础上，对将要从事的工种有一定的了解，并具备基本的操作能力。比如想做保姆就要会洗衣做饭，想做建筑工人就要会砌砖抹墙。

(3) **具备独立承担民事责任的能力**　即要求进城务工的人必须是一个具有基本的劳动能力、精神和智力正常、能够对自己的行为独立承担民事责任的人。

(4)不能因进城务工而影响自身法律责任和义务的承担 如果父母卧病在床或儿女未成年,又无他人照料,就不能外出务工,否则就是借外出务工逃避赡养父母或扶养子女义务的行为,这不仅要受到道德的谴责,同时也是我国法律所不允许的行为。

此外,还要符合所在的省、自治区、直辖市人民政府及相关部门规定的关于外出务工的其他条件。

3. 进城务工应具备哪些素质?

素质就是指一个人的品质、知识、技能、身体状况、心理状态和其他自身条件等方面的总和。做任何工作都需要一定的条件,进城务工也需要具备一些基本素质,概括起来主要有以下几方面。

(1)身体素质 身体素质是人劳动能力的基础,直接反映了人体从事某项工作的能力,反映了身体承受负荷的状态。良好的身体素质是进城务工的重要前提,进城务工者必须有一个健康的身体,保持旺盛的精力,才能胜任各项工作。另外,不同的职业对劳动者的身体素质会有不同的要求,务工者首先应该弄清楚不同职业对从业者生理素质的要求,然后结合自身情况综合考虑,以便确定自己的务工意向。

(2)沟通能力 在城市里和在农村不一样,要经常接触陌生人,经常遇到陌生的事,如果没有良好的沟通能力,就很难与人相处,甚至不能正常的工作和生活。因此,外出务工的农民朋友学会说普通话,具备一定的沟通能力,是十分必要的。

(3)专业技能 当今的社会是竞争非常激烈的社会。没有专业技能,就只能做一些简单的体力劳动,靠卖苦力气挣钱,不仅工作辛苦,收入也十分有限。如果适应了社会对劳动者的需求趋势，拥有了一技之长，就等于获得了进入城市职业分工系统的敲门砖，不仅获得工作的机会大大增加，而且所获得的报酬也比一般进城务工劳动者高得多。所以说获得一技之长不仅是立足城市的条件，也是发展自己的基础。

(4) **文化知识素质** 在农村的田间劳作，可以靠经验，可以靠父辈手把手地传授。但要到城镇从事现代工业、商业和服务业劳动，就得需要具有一定的文化知识水平才能胜任。现在的社会发展越来越快，各种先进的技术和生产设备不断地应用于平常的生产和生活当中，进城务工的农民朋友如果没有文化知识和不断地获取新知识的能力，就很难符合工作的要求。劳动者文化知识素质的高低，不但直接影响着自身工作的选择和未来的发展，也间接影响着整个社会经济和文明的发展速度。进城务工者努力提高自身的文化知识素养具有十分重要的意义。

(5) **思想道德和职业道德素质** 无论是在家乡务农，还是进城务工，都要首先做一个合格的中国公民。进城务工者与其他各行各业的劳动者一样，都是在为社会做贡献，都同样肩负着建设祖国的重任。因此，进城务工的农民朋友除了具有必备的知识和必要的技能外，也需要加强自身的思想道德修养，提高思想水平，热爱党、热爱祖国，有积极向上的精神风貌，树立自尊、自爱、自立、自强的人格，遵守国家法律法规和城镇居民文明公约，讲文明、讲礼貌、守纪律、讲究诚信。各种职业都有相应的职业道德来约束，进城务工者必须认真学习和了解，违反职业道德的行为必然要受到社会和法律的惩罚。

(6) **心理素质** 从熟悉的乡村到陌生的城市，由于工作与生活等方面的巨大差异，进城务工的农民朋友往往会遇到各种各样的挫折和困难。如果没有一个良好的心态和一定的心理素质,就很难积极地面对这些问题,甚至可能变得悲观厌世,或是走上犯罪的道路。所以,培养良好、健康的心理素质也是十分必要的。

4. 为什么没有做好充分准备不能进城务工?

有些农民朋友看到同乡有人在城市里找到了工作,并且收入可观,就想抱着试试看的心理,盲目地来到大中城市,也想"找机会,挣大钱",结果却是钱没少花,路没少走,却一无所获。有人认为,反正城市里有劳务市场和职业介绍所,到了城市以后再找工作也不迟,但到了城市之后才发现现实和想象的差距太大;也有的人把希望全部寄托于在城市里"小有成就"的老乡身上,希望其看在老乡的情分上帮忙给找个工作,且不说人家是不是愿意帮这个忙,即使愿意帮,在有大批待业人员的情况下,他是否有能力帮你这个忙也是个未知数,结果很难达到预想的结果。

总结起来,盲目进城务工至少有以下几个害处。

首先,找到工作的可能性极小。只是看到别人在城里混的不错,在没有任何准确信息的情况下就盲目进城,很难找到适合的工作。

其次,浪费自身钱财。农民朋友每日辛苦地在田间地头劳作,一年下来收入有限,可是进城务工需要办理的各种证件、往返的乘车费用以及在城里逗留时的基本生活费用加起来就是一笔不小的数目。

第三,容易上当受骗。农民朋友进城后,着急找到工作的心理经常会被图谋不轨的犯罪分子进行诈骗、拐卖、勒索等犯罪活动所利用,淳朴老实的农民朋友又非常容易上当受骗,致使自己蒙受巨大的经济损失或极大的心理伤害。

第四,给城市造成巨大压力。大量的农村富余劳动力盲目涌入大城市,在一定程度上会引起城市人口的膨胀和社会闲散人员的增多,这不仅给城市的生活设施供应和日常管理带来困难,也会危害社会治安,引起各种社会问题。

由此可见,城市并非像有些人想象的那样遍地黄金,俯拾皆是。城市有城市的规则,远在农村的农民朋友要想适应这个新的环境和新的规则需要一个过程,所以在进城之前一定要在掌握准确信息的前提下,做好充分的准备,切不可盲目进城务工。

5. 要进城务工自己承包的土地怎么办?

我国绝大多数的农村居民都有用于口粮和保障基本生活的承包农田的使用权,那么农民朋友进城务工后,这些承包的土地该怎么办呢?首先需要明确的一点是这些土地绝对不能撂荒,因为撂荒土地是违反《土地法》的行为,是要受到法律惩罚的。

如果农民朋友只是到离家不远的城市务工,那处理起来就比较简单了。现在农业生产基本上实现了农业机械化,务工者可以在工作间歇或者务工的休息时间回到农村从事劳作。为样,既可以获得一定的务工收入,又不会耽误耕种自己承包的土地。

对于准备长期到较远的城市务工的农民朋友,如果家中还有其他劳动力,可以把耕种土地的责任交给家中的其他成员,比如妻子、兄弟或者父母,让他们代为耕种。如果家中没有其他的劳动力,那原来承包的土地就需要转租或承包给同村愿意耕种土地的人,同时可以适当收取一定的费用。具体的权利义务和承包方式要事先商定,并落实为书面协议,以免以后产生不必要的纠纷。

6. 进城务工前应该办理哪些证件？

农民朋友要进城务工，需要先办理好以下证件。

（1）**居民身份证** 本人的有效居民身份证。

（2）**外出人员就业登记卡** 对已被用工单位招收、尚未离开户口所在地的外出就业人员，应持其本人有效身份证件和其他必要的证明，在本人常住户口所在地的县（市、区）劳动部门或其授权的乡镇劳动服务机构进行登记，并领取"外出人员就业登记卡"。

（3）**流动人口婚育证明** 根据我国相关法律规定，拟异地居住30日以上，年龄在18周岁至49周岁之间，从事务工、经商等活动（探亲、访友、就医、上学、出差等除外）的公民，在外出前须办理国家统一格式的《流动人口婚育证明》，由村民委员会出具婚育情况证明，本人提供居民身份证，两张一寸免冠照片，向户籍所在地的县级计划生育行政部门或者乡（镇）人民政府申请办理。《流动人口婚育证明》的有效使用期限为3年。进城务工的农民朋友应当在其所持的《流动人口婚育证明》有效使用期限截止前，到本人户籍所在地的发证机关换领新的《流动人口婚育证明》。

（4）**学历和特殊经历证明** 具有初中以上学历或受过专业培训的农民朋友，应带上毕业证、结业证或有效学历证明。

如果有特殊身份或曾经有过特殊经历，还要提供能证明自己特殊身份的证件，如转业军人证、复员军人证等。

（5）**农村劳动力档案** 包括职业特长、受培训情况、务工简历和乡村劳动力转移管理部门的鉴定等用工单位希望了解的内容。这个档案有助于用人单位了解农民工的状况，提高就业成功率,也便于政府开展非农职业技能培训,更有利于输入地政府和输出地服务站对农民工的管理,提高劳务输出的组织化程度。

7. 到哪些地方务工需要办理边境通行证?

农民朋友外出打工,凡其目的地属于我国边境省份的边境管理区或部分有特殊规定的经济特区的,必须申请办理《边境通行证》。须申办《边境通行证》的有以下省、自治区的部分地区:

(1)黑龙江省 大兴安岭地区的呼玛县、漠河县、塔河县,黑河市的孙吴县、爱辉区、逊克县,伊春市的乌伊岭区、汤旺河区、新青区、上甘岭区、友好区、嘉荫县,鹤岗市的萝北县、绥滨县,佳木斯市的同江市、抚远县,双鸭山市的饶河县,鸡西市的鸡东县、密山市、虎林市,牡丹江市的穆棱市、东宁县、绥芬河市。

(2)新疆维吾尔自治区 哈密地区的哈密市、伊吾县、巴里坤县,昌吉回族自治州的木垒县、奇台县,阿勒泰地区的青河县、富蕴县、福海县、阿勒泰市、布尔津县、哈巴河县、吉木乃县,塔城地区的和布克赛尔、额敏县、塔城市、裕民县、托里县,博尔塔拉蒙古自治州的阿拉山口行政区、博乐市、温泉县,伊犁地区的霍城县、察布查尔县、昭苏县,阿克苏地区的温宿县、乌什县,克孜勒苏柯尔克孜自治州的阿图什市、乌恰县、阿合奇县、阿克陶县,喀什地区的塔什库尔干、叶城县。

(3)西藏自治区 日喀则地区的仲巴县、萨嘎县、聂拉木县、定日县、康马县、亚东县、岗巴县、定结县、吉隆县,山南地区的错那县、隆子县、洛扎县、浪卡子县,林芝地区的米林县、朗县、察隅县、墨脱县,阿里地区的普兰县、扎达县、日土县、噶尔县。

（4）**广西壮族自治区**　那坡县、靖西县、大新县、龙州县、宁明县、防城县、凭祥市、东兴市。

（5）**广东省**　深圳市、珠海市。

（6）**云南省**　文山自治州的富宁县、麻栗坡县、马关县,红河自治州的河口县、金平县、绿春县,西双版纳自治州的勐腊县、景洪市、勐海县,德宏自治州的潞西县、畹町市、瑞丽市、陇川县、盈江县、梁河县,怒江自治州的泸水县、福贡县、贡山县,思茅地区的孟连县、江城县、澜沧县、西盟县,临沧地区的沧源县、耿马县、镇康县,保山地区的龙陵县、腾冲县。

（7）**甘肃省**　肃北蒙古族自治县。

（8）**内蒙古自治区**　阿拉善盟的额济纳旗、阿拉善右旗、阿拉善左旗,巴彦淖尔盟的乌拉特后旗、乌拉特中旗,包头市的达尔罕茂明安联合旗,乌兰察布盟的四子王旗,锡林郭勒盟的苏尼特右旗、二连浩特、苏尼特左旗、阿巴嘎旗、东乌珠穆沁旗,兴安盟的科尔沁右翼前旗、阿尔山市,呼伦贝尔盟的新巴尔虎左旗、新巴尔虎右旗、满州里市、陈巴尔虎旗、额尔古纳市。

8. 如何办理边境通行证？

办理边境地区通行证,应向其户口所在地公安分(县)局户籍科或者指定的公安派出所提出申请。具体程序为:首先到常住的户口所在地公安分局或派出所,领取并填写《边境通行证申请表》;经当地居委会、治保会加签意见后,由户口所在地公安派出所审核;然后持派出所审核过的《边境通行证申请表》、本人居民身份证、近期一寸免冠照片两张(携带不满16周岁儿童者,还应持该儿童的户口簿),向所在地公安机关户籍科或者指定的公安派出所申请办理。

边境通行证的有效期一般不超过一个月,所以打算外出的农民朋友应该把握办理证件的办理时间,证件办理后要在有效期内及时安排行程。

9. 想进城务工应该主动参加哪些培训?

进城务工前应该接受的培训内容很多,既包括必备的相关行业的基础理论和职业技能,又包括国家的政策法规、职业道德、政治教育、生活常识等方方面面,归纳起来主要有以下几个方面。

（1）**基础理论知识、相关的职业技能和技术操作规程** 不同行业、不同工种、不同岗位,对职业技能和操作规程有着不同的要求,所以其技能培训的内容也不一样。打算进城务工的农民朋友要先根据社会需求和自己的喜好选择好行业,然后再选择参加相应的技术培训。

（2）**国家相关政策和法律法规知识** 想要外出务工的农民朋友在进城之前,要通过学习掌握一些基本的法律知识,如《劳动法》、《合同法》、《消费者权益保护法》、《职业病防治法》、《治安管理处罚条例》等。这既可以增强遵纪守法观念,也有利于培养运用法律维护自身合法权益的意识,同时对自己将来所要走的漫长的人生道路来说也是一笔宝贵的财富。

（3）**公民道德和职业道德教育** 目的是培养进城务工者的道德观念和敬业精神,促使其养成良好的公民道德意识,树立建设城市、爱护城市、保护环境、遵纪守法、文明礼貌的社会风尚。

（4）**劳动安全和生活常识** 包括安全生产、交通安全、基本城市生活须知等等。主要是为了增强进城务工者适应城市工作和城市生活的能力。

10. 进城务工的旅途中应该注意些什么？

对于出门在外的人来说，保证旅途中的安全和顺利是头等大事。进城务工的农民朋友由于旅行机会不多，经验较少，需要格外重视旅途安全，至少应该在以下几个方面引起注意。

（1）保管好钱包和贵重物品　钱最好存在银行卡里，用银行卡既可以在异地通兑通存，又很安全。旅途中需要用的钱或者实在不方便存储的再带在身上。带在身上的钱也要分开存放，而且要放在贴身的内衣兜里或者不易被别人注意到的地方，只留少量的零钱在外衣口袋里备用。箱包和贵重的大件物品要放在自己视线所及的地方，暂时离开时最好能请旁边能信得过的人帮忙看管，夜里不要睡得过沉，以免小偷钻了空子。旅途中的人来自天南海北，鱼龙混杂，所以切记不要当众掏钱或数钱，以免被坏人盯上。

（2）注意饮食卫生　旅行途中最好吃一些清淡爽口的食物，不要吃太多油腻的食品，更不能酗酒。从家里带出来的煮鸡蛋等食品，如果发出了怪味或者已经腐烂变质，就要果断地扔掉，以免食用后发生拉肚子或者食物中毒。另外还要随身携带一些常用药品，防治感冒、腹泻、晕车等常见病。

（3）增强防范意识，不要贪小便宜　旅途中可能会发生许多在家乡没有见过的新鲜事，切忌没完没了地围观，更不要搀和其中去凑热闹。现在骗子花招很多，说不定那就是人家精心设下的一个骗局，正等你上钩呢。不要轻易和陌生人交友，更不要接受不了解的人递的香烟和陌生人送来的饮料、食品。

（4）讲礼貌，遇事谦让　大家都是出门在外，都不容易，要相互照顾，不要因为一些小事斤斤计较，吵起来没完没了。不小心碰撞了别人要主动道歉,别人无意中冒犯了自己时要尽量谦让,保持一种宽容、轻松的心态,与他人友好地相处。尽量避免与他人发生冲突,以免带来不必要的麻烦。

11. 乘坐火车需要注意什么?

火车的特点是载客量大、准时、费用低廉,中途可以换乘、停留(在车票有效期内),具有一定的灵活性,所以火车是农民朋友外出务工长途旅行的首选交通工具。乘坐火车时应该注意以下一些问题。

(1) 买票 火车票一般分硬座票、卧铺票和软卧票。在中等以上的城市,除了车站的售票大厅出售火车票外,为了方便旅客购票,铁路部门还在城市的主要街道和宾馆设置了铁路客票预售处。买票之前,可以根据车站公布或者出售的列车时刻表来查询自己需要乘坐的车次,到离家较远的地方打工,一定要尽量提前买票,否则买不到有座位的票,站一路是很辛苦的。如果没有买到车票又急于上车时,可采取先上车后补票的方法加以补救,但补票时要核收补票费。农民朋友出行一般都是选择比较实惠的硬座票,如果遇到身体状况欠佳,或者下了火车还需要长途跋涉才能到达目的地,为了保持体力,也可以买一张硬卧票。

(2) 签证和退票 旅客如不能按票面指定的日期和车次乘车时,在不延长客票有效期并在列车有能力的条件下,可办理一次提前或推后乘车手续,但最迟不晚于开车前 2 小时。卧铺票不办理改签。旅客在中转站换车和中途下车恢复旅行时,应到中转站售票厅办理签证手续。如果旅客因特殊原因需要取消旅行时,还可以办理退票手续,但需要按车票票面金额的 20% 收取手续费。

(3)进站上车 要看清自己所乘坐的车次在哪个检票口,不要走错。要主动接受乘警和工作人员的检查,严禁携带易燃易爆等危险品上车,严禁为图省事而从列车底部穿行。列车进站时,要站在白色安全线以内。上车时,要按先后顺序排队,在列车工作人员的指导下,有秩序地依次上车,不要拥挤,更不能爬车窗。列车开动时,不要与车下送行的亲友握手或者递送东西。列车运行时,不要把头或手伸到窗外,以免发生危险。

12. 怎样乘坐长途汽车?

长途汽车也是农民朋友外出务工经常乘坐的重要交通工具之一。大部分城市的汽车站都是按照不同的走向分别设置的,所以,要乘坐长途汽车,首先必须弄清楚自己乘坐长途汽车的去向,然后根据去向选择站点,以免坐错车。

长途汽车站和火车站一直都是一个城市中流动人口最多和最嘈杂的地方,但是汽车站又不像火车站那样有固定的站台及较多的安全管理人员,不同城市的管理水平又没有统一的标准,且由于纵横行使的车辆较多,带有更多的危险性。这就要求乘客能够增强自我保护意识,不要因为急于赶路,就在站里站外乱窜,以免被进进出出的车辆撞伤。为了保证乘车安全,乘坐长途汽车时应该按规定买票、检票和进站上车,走规定的进出站口,不要随意在站内停车场里走动,更不能爬车或者强行拦车。

还有很重要的一点是一定不要乘坐已经超载的长途汽车。农民朋友出行或者回家的时候一般都是运输部门运送旅客的高峰期,车位常常会比较紧张,千万不要因为回家心切就冒险乘坐超载车辆。我国有相当部分的行车事故都是因为超载造成的,为了自己的安全和家人的幸福,千万不要拿自己的生命开玩笑。另外,在坐车时不能将头、手等伸到车窗外边;不要与司机聊天,以免影响行车安全;在汽车到站后还没有停稳时,不要急于下车,以免发生意外。

13. 乘坐轮船需要注意什么?

农民朋友如果要到海南省或者其他沿海地区打工,可能需要坐船。那么乘坐船只出行需要注意那些问题呢?

第一,乘坐轮船一般需要提前买票,然后按照船票所载船名、班次、日期、起迄地点和席位乘船。乘坐沿海和长江客船,每一位成年人随身携带物品不得超过 30 千克;乘坐其他内河客船者,每一位成年人随身携带物品不得超过 20 千克;每件物品体积不得超过 0.2 立方米。行李包裹托运,凭船票提前一天或开船前两小时在码头行李房办理手续。

第二,为了保证旅途顺利,在联运线上旅行时,要注意按船票的指定日期、时间向中转港、站码头办理签证换乘手续,因为一旦过期就不再办理了。

第三,不要乘坐超载的轮船。在内河或者海上航行时逃生非常困难,所以乘坐超载的轮船比乘坐超载的汽车更加危险。

第四,乘船时严禁携带易燃、易爆和易腐蚀泄露的危险品,以免在遇到船体晃动、碰撞或其他因素时,危及轮船及其他旅客的生命和财产安全。夜间行船时,不要用手电筒或其他照明物照向水面、河岸或其他船只,因为船舶夜晚航行经常用信号灯交换信息,这样做有可能引起其他船只或导航人员的误会而发生意外。

第五,旅客在上船后,要首先熟悉船上带有明确标志的救生、消防设施,以方便在发生意外时取用。轮船停靠码头时,不要急于下船,要遵守秩序,服从工作人员的安排依次下船,防止因为拥挤或人员过于集中而发生危险。

14. 进城后需要办理哪些证件和手续？

到达务工地点以后，根据务工城市的相关规定，只有将需要办理的各项证件、手续办理齐备，才能正式开始工作。这些证件和手续主要包括：《暂住证》（目前已有部分城市不再要求办理暂住证）、《外来人员就业证》，育龄妇女需办理《外来人员婚育证》或《暂住人口计划生育证》，在公共场所工作的务工者需办理卫生防疫机构颁发的《健康合格证》，从事就业准入工种还必须持有相应的《职业资格证书》。

务工者要将这些证件妥善保管，严防丢失，以免给自己带来不必要的麻烦和损失。

15. 在务工城镇如何办理《暂住证》？

《暂住证》是外地进城人员在暂住地临时居住的合法证明，也是在暂住地从事务工、经商等活动所必须提供的主要证件。目前有个别城市如沈阳市、杭州市等不再要求办理《暂住证》，但就绝大多数城市来说，《暂住证》仍然是进城务工的农民朋友必须办理的证件之一。

《暂住证》的申领对象是年满 16 周岁，拟在暂住地从事各种经济活动超过一个月，离开常住户口所在地跨市、县范围的暂住人口。我国《暂住证申领办法》规定，需要办理《暂住证》的人员，在申报暂住户口登记的同时申领暂住证。探亲、访友、旅游、就医、出差等人员，按照规定申报暂住户口登记或者旅客登记，不必申领《暂住证》。申报暂住登记必须在到达后 3 日内，持有本人居民身份证及本人近期一寸免冠照片两张（已婚育龄妇女还须提供计划生育证明），不满 16 周岁的必须持有本人身份证明。

我国《暂住证申领办法》第五条规定,申领暂住证须按以下规定办理。

第一,暂住在居民家中的,由本人携带户主的户口簿到暂住地公安派出所申领暂住证。

第二,暂住在机关、团体、部队、企业、事业单位内部或者工地、工场和水上船舶的,由单位或者雇主将暂住人员登记造册,到暂住地公安派出所申领暂住证。

第三,暂住在出租房屋的,由房主携带租赁合同,带领其到暂住地公安派出所申领暂住证。

暂住证登记项目主要包括姓名、性别、出生日期、常住户口所在地、居民身份证编号、暂住地址、暂住理由、有效期限等。暂住证登记项目需要变更、更正的,应当到公安派出所办理变更、更正手续。暂住证为一人一证,有效期限最长为1年。暂住期满需继续暂住的,应当在期满前办理延期或换领手续。

暂住证必须随身携带,各级公安机关在执行任务时有权查验,被查验人不得拒绝查验。暂住证丢失后,应及时向暂住地公安机关报告,并办理补领手续。对违反暂住证管理规定的行为,公安机关有权处罚。

16. 在务工城镇如何办理《外来人员就业证》?

目前,我国除极少数的城市取消了《外来人员就业证》制度外,在其余的大部分地区,跨省、市务工,都必须持有该省、市的《外来人员就业证》。《外来人员就业证》一般都是由用人单位办理,务工者只需提供相关的证件和证明,由用人单位持相关证件按下列程序办理。

第一,由用人单位向县市劳动局就业管理处提出使用外来劳动力用工申请。

第二,申请得到批准后,开具暂住地劳动行政部门批准使用外地务工人员《通知单》。

第三,用人单位持《通知单》、务工者的身份证复印件(需要办理暂住证的城市还需提供《暂住证》)、《外出人员就业登记卡》、育龄妇女《外来人员婚育证》、《外来人员就业证发放花名册》、务工者的一寸免冠照片,到务工所在地的劳动部门办理就业证。

《外来人员就业证》必须按规定进行注册和变更登记,有效期限最长为1年。《外来人员就业证》由发证机关进行年度注册,过期未注册的视为无效;登记需要变更的,用人单位应及时到发证机关办理变更登记,过期未进行变更登记或登记事项与持证人实际情况不符的,同样视为无效。

17. 在务工城镇如何办理《外来人员婚育证》?

《外来人员婚育证》也叫《暂住人口计划生育证》,由务工地计划生育主管机关核发,所有进城务工的育龄妇女,在到达城镇之后都必须办理《外来人员婚育证》。办理此证时凭户籍所在地的县级计划生育行政部门或者乡(镇)人民政府、街道办事处开具的《流动人口婚育证明》(规定办理暂住证的城市还必须同时出示《暂住证》),到务工居住地的乡(镇)人民政府或街道办事处计划生育办公室登记,经审查后领取。若变更暂住地的,须到新的暂住地计划生育主管机关办理《婚育证》的变更登记。《婚育证》一人一证,有效期为3年。

18. 如何办理职业资格证书?

国家职业资格证书是持有者具备某种职业所需要的专门

知识和技能的证明,是持有者求职、任职、开业的资格凭证,是用人单位招聘、录用员工的主要依据,也是境外就业、对外劳务合作人员办理技能水平公证的有效证件。它是按照国家制定的职业标准,通过政府认定的考核鉴定机构,对从业者的技能水平或职业资格进行客观、公正、科学规范的评价和鉴定后,对合格者颁发的。国家职业资格证书由劳动保障部统一印制,劳动保障部门或国务院有关部门按规定办理和核发,共分为五个等级,即初级(国家职业资格五级)、中级(国家职业资格四级)、高级(国家职业资格三级)、技师(国家职业资格二级)、高级技师(国家职业资格一级)。

根据相关规定,我国职业资格证书的办理程序为:

第一,职业技能鉴定所将职业鉴定考核合格人员名单报当地职业技能鉴定指导中心审核。

第二,将审核后的人员名单再报同级劳动保障行政部门或行业部门劳动保障工作机构批准。

第三,由职业技能鉴定指导中心按照国家规定的证书编码方案和填写格式要求统一办理证书,加盖职业技能鉴定机构专用印章。

第四,经同级劳动保障行政部门或行业部门劳动保障工作机构验印。

第五,由职业技能鉴定所送交本人。

任何符合条件的我国公民均可申请参加职业技能鉴定,具体报名事项可到当地职业技能鉴定所办理。不同级别的鉴定,申报条件不尽相同,考生要根据鉴定公报的要求,结合自身条件确定申报级别。职业技能鉴定分为知识考试和技能考核两部分。职业技能鉴定考试合格者,由劳动保障部门颁发相应的职业资格证书。

二、进城后的工作选择

对于进城务工人员而言,找工作是当务之急。那么,进城务工主要集中在哪些行业,怎样找适合自己的工作,企业在招聘的过程中都需要什么手续,找工作需要哪些相关的证件等等都应当搞得明明白白。

1. 进城务工主要集中在哪些行业?

从目前实际情况看,进城务工农民所从事的行业很广泛,但大部分集中在以下几类行业:工业、建筑业、饮食服务业、家政服务业、商业和运输业。

(1)**工业** 主要集中在加工业,如服装加工、食品加工、粮食加工、纺织、酿造、铸造等,往往是一些劳动密集、工作条件较艰苦、劳动量较大的工种,需要有较好的身体素质和能吃苦的精神。

(2)**建筑业** 随着城市规模的扩大和旧城改造,城镇建设需要大量的建筑工人,目前建筑业是农民工较集中的行业。这一行业是由一系列的职业组成,诸如土木建筑、水泥工、钢筋工、木工、室内装修工等。这是一个需要一定的技术,而且比较辛苦的行业。

(3)**饮食服务业** 包括厨师、茶师、饭店与食堂服务员、食品销售员等。在各大城市的饮食服务行业中,进城务工的农民是主力军。这是一个工作时间长,需要一定技术,且身体无传染病的人才能胜任的工作。

(4)**家政服务业** 随着城镇居民生活水平的提高和生活

节奏的加快,城镇对家政服务的需求量大幅上升,尽管一些高校也看好这块市场,开设了相关专业,但是和快速膨胀的需求市场相比,还相差很远,在许多农村由职业学校培训后进入城镇从事保姆、保洁、护理等家政服务的人员很受欢迎,不过该行业一般要有初中以上文化水平,身体健康,懂一些护理、生活常识及勤快、细心的女性较受欢迎。

(5)**商业** 包括零售商业经营人员、售货员、商业采购员、商业供销员。这类工作不是强体力劳动,但工作紧张,每天的工作时间较长,需要长期站立,因而腿脚有疾病的人不能胜任。当然自己也可以根据自己的经济实力,开办商店或租赁柜台进行粮油、蔬菜、瓜果等的买卖。

(6)**运输业** 包括汽车驾驶员、装卸工、搬运工等。许多城市的汽车驾驶员、运输工人很多都是进城务工人员担任。

(7)**个体修理业和其他手工业** 包括修理电器、家具、自行车、钟表、鞋、沙发等。这个行业的特点是需求比较分散、广泛,而且需要一定技术。如果你想长久、稳定地从事这一行业,只要下点功夫学一学这方面的技术,也并不难在城市站住脚。

农民进城务工的类型正在朝着长期工和有一定技能的方向发展。随着农民进城就业有关政策和条件的完善,农民工可以从事的职业也会更加广泛。

2. 为什么要选择适合自己的工作?

现代职业种类很多,看起来似乎很多工作都适合自己,其实不然。有人看到别人做某种工作做得很好,挣钱了,就觉得自己也可以做,但真的做了之后才发现根本不是那么回事。俗话说"隔行如隔山"、"看事容易,做事难",由于职业的差异和从业者个体的差异,需要根据自己的技术和能力选择适合自己的工作。

找到一份适合的工作,在适合自己的工作环境里,状态会很放松,像鱼儿在水中游泳,无论做什么都觉得得心应手,也很容易出成绩。当你的老板觉得你将这份工作做得很好的时候,他就会很放心地将相关的工作交给你做,同时会欣赏并器重你,认为你是个有能力的人。这样你在工作岗位上得到提升和嘉奖的机会就比较多。另一方面,选择自己适合的工作将使你的工作变得轻松,你会对所从事的行业、职业越来越感兴趣。那么,与这个职业相关的知识你会掌握得越来越多,专业水平也会不断提高,于是你将有可能成为同行中的佼佼者。显然,如果一个人选择了他最不适合做的工作,在工作中做出成绩是不可想象的。

俗话说"量体裁衣"、"量力而行",正确选择适合自己的工作十分重要。

3. 怎样判断自己适合什么样的工作?

面对种类繁多的工作,怎样才能判断出自己适合做哪类的工作呢?这需要对自己进行全面的衡量。

(1)从自身能力上看 具备怎样的能力,是判断自己适合哪种工作的重要标准。你具有烹调能力,可以做出各式花样的可口菜肴,那么就选择厨师工作;你的手很灵巧,眼手具有很好的协调性,可以选择家电维修、制作手工艺品等工作;你的心较细,且有一定的医学护理知识,可以选择护理工作;若你没有特长和技术,就想凭力气挣钱,那么可以选择清洁工、搬运工等工作。还可以通过心理测验来了解自己的兴趣、性格和能力,它也是判断自己是否适合某类工作的依据之一。

(2)从生理上看 相貌、气质、身高、体力等这些身体的自然条件也可成为判断自己适合哪种工作的依据。许多工作对从业者的生理条件都有特定的要求,如大宾馆、饭店的服务人员、保安人员,对相貌、身高有特定的要求;搬家公司对其员工的体力、耐力也有要求;色盲的人不能从事与颜色有关的职业,如蔬菜的分级包装、印染、化验等工作;有嗅觉缺陷的人不能从事食品生产、化妆品销售等工作。了解自己的生理特点和不同工作对从业者身体条件的不同要求,可以减少求职失误和工作挫折。

(3)**从心理上看** 喜欢什么工作是最重要的因素。因为只有对某项工作产生兴趣,才会使人们自觉地朝着相关的方向努力,积累相关的知识和技能,你对某个工作感兴趣,那么干起工作来就会感到其乐无穷。

(4)**从性格上看** 一个性格内向、少言寡语的人,不适合从事商品推销工作;而一个脾气急躁的人,也难以胜任诸如校对、售货等工作。总之,有了对自己心理、生理、知识和能力的了解,就能大致判断出适合自己的工作范围,从而为自己确定明确的职业目标,降低找工作的盲目性,有利于顺利地找到合适的工作。

4. 找工作有技巧吗?

找工作同做其他事情一样,也有方法和技巧。很多人找不到工作并不是因为他们没有做事的能力,而是因为他们在找工作过程中没有运用正确的方法和一定的技巧。所谓技巧,主要包括三个方面的内容。

(1)**了解自己** 包括了解自己的知识、技能、性格、爱好以及身体状况等。找工作之前,你必须先对自己有个全面的认识,一定得知道自己能做哪方面的工作,不适合做哪方面的工作。找工作不能眼高手低,明明自己没有能力做的工作却偏要做,结果肯定不能如愿。

(2)了解你所选择的职业和行业 了解职业岗位的工作内容、工作性质和对从业者素质的要求。可以向亲朋好友中做过相关工作的人了解有关情况,也可以向从事这方面工作的其他人请教。他们经验丰富,体会深刻,能给你提供具有指导意义的信息。他们工作过程中的失败教训,对你可以起到警示作用,他们的成功经验又可供学习和借鉴。

(3)自我推荐 在了解了自己和所选择的职业的基础上,就可以开始求职了。求职就是寻找和得到工作的过程,通常包括获得用人的信息、争取面试、谈话、签约等环节。找工作就像推销商品一样,要让顾客买你的产品,你必须告诉对方,你的商品质量如何的好,价格如何的公道,才能吸引人们来买这种商品。同样,找工作时也要围绕着"我真正有能力做好这份工作,而我提出的要求也是十分合理的"这样一个中心来展开。一定要学会推销自己,这样别人才会认可和录用你。

5. 找工作应该注意哪些问题?

找工作需要考虑的因素有很多,你适合去南方还是北方?去哪座城镇?因为不同的地方有不同的气候、饮食、语言等。一个在南方长大的人也许不习惯北方的天寒地冻;患有风湿性关节炎的人,就不宜到空气潮湿的环境里工作。除此之外,找工作还要注意以下一些具体问题。

(1)要了解你想做的工作是不是已经"人满为患" 如果有许多人都要从事这种工作,在这个行业或职业上劳动力的供给远远大于需求,那么即使你费了很大的力气,因竞争激烈,可能也找不到这个工作。

（2）**要注意所选的行业有什么规范**　许多行业有自己的工作习惯、行业用语和一些行业忌讳，不了解这些就可能成为就业的障碍。

（3）**要合法从事个体经营**　如果想进城从事个体经营，还应懂得国家的有关规定，懂得如何取得营业资格、营业执照和如何纳税等程序，了解经营范围和经营方式。

（4）**不要根据他人的好恶或评价选择工作**　每种行业或工作因为性质不同，在人们心目中的地位也不一样，难免在人们心目中有高、低、贵、贱之分。找工作不要受他人评价的影响。俗话说"行行出状元"，无论哪种工作，只要适合自身的条件，对自己来说便是好工作。

（5）**要学会用法律保护自己**　有少数个体经营者采取拖欠工资、谎称赔本等手段拒绝支付劳动报酬，骗取劳动力，甚至欺辱女工的现象也时有发生。所以，进城务工的朋友必须熟悉有关的法律、法规，防止受骗，学会用法律保护自己。

6. 找工作应避免哪些误区？

（1）**挑肥拣瘦**　有些人找工作时往往处在两难状态，高收入工作的条件、环境艰苦，不艰苦的工作收入又低。实际上，不可能存在一个既清闲、收入又高、人人都可以做的工作。具有吃苦耐劳的精神是做好任何一项工作的起码条件。我们应该懂得先苦后甜的道理，从艰苦的、简单的工作做起，等你有了经验、有了技能，就会找到更好的工作。

（2）**这山望着那山高**　有些人总是看着别人的工作比自己的好，频繁地换工作，结果知识和技能得不到提高，最终被淘汰。找工作要量力而为，从自己能够胜任的工作做起，一步一个脚印地积累知识和技能。因为职业技能的积累只有在相对稳定的工作环境中才能进行。

(3) **缺乏自信** 有些人被自卑心理所笼罩,看不到自己的优点,明明可以做的工作,却因为对自己没有足够的信心,害怕能力不够而不敢去尝试。这样无疑会失去很多工作机会。

(4) **对金钱过分迷恋** 赚钱是每个进城务工者最直接的目的。有些不法分子利用这种心理,以高工资、高报酬为诱饵,吸引不知情的人上当,上当者最后非但没挣到钱,自己还被别人利用,走上了犯罪的道路。世上没有"免费的午餐","君子爱财,取之有道",何况挣钱并不是进城务工的惟一目的,还须考虑自己想学到什么技术,将来向什么方向发展。

7. 找工作如何避免受骗?

(1) **不能到非法职业介绍机构找工作** 进入城镇务工,人生地不熟,要想知道招工信息,自然选择劳务市场、职业介绍所,这是正确的,但千万别走进非法职业介绍机构。通常所说的非法职介机构,是没有取得职业介绍合法的审批手续,以提供虚假招工信息骗取求职者钱财为目的的非法组织,被求职者称为"黑职介"。

这些黑职介打着介绍工作的招牌,有的为了骗取财物,有的为了骗取劳动力,更有甚者是为了骗人骗色。这样的黑职介非但不能为进城务工者介绍工作,反而让不少进城务工者吃尽苦头。他们没有正规经营手续,一旦发现上当,很难找到他们。因此,找工作一定不要找这些黑职介。

进城找工作一定要到正规、合法的职业介绍机构,而且,各地政府都有公益性的、免费提供用工信息的职业介绍机构,并有服务咨询电话。例如北京劳动和社会保障局的服务咨询电话是12333。

(2) **如何识别非法职业介绍机构** 判断职业介绍机构是否合法的一个基本标准是职业介绍许可证。不论是单位还是个人，开办职业介绍机构都要有劳动保障部门颁发的职业介绍许可证。求职者到职业介绍机构登记求职时，也应注意以下几个问题。

第一，是否于经营场所的显著位置悬挂《职业介绍许可证》原件，并加盖有当地劳动和社会保障局的公章。

第二，机构名称、地址、法定负责人等是否与工商执照相一致，特别注意地址与实际经营场所是否一致。

第三，是否超业务范围经营。

第四，使用的《职业介绍许可证》是否超过有效期或使用的是《职业介绍许可证》副本、复印件。

其实，对于求职者来说，找工作的时候只要提高自我保护意识，擦亮自己的眼睛，不要轻易交纳任何费用，就能使这些黑职介的骗局不能轻易得逞。

(3) **怎样识破职业介绍中的骗局** 职业介绍骗局通常有以下几种。

骗局一：高薪诱惑。黑职介利用高收入、高工资做诱饵，让你不得不为之动心，但是必须交纳很高的介绍费，可他们一旦骗到了你的钱，就会逃之夭夭。对于进城务工者来说，不要听信他们的花言巧语，要对市场上的用工和相应的薪酬有所了解，这样才能够避免自己上当受骗。

骗局二：瞒天过海。黑职介以办理类似"服务卡"、"上网费"等理由来收取费用。他们告诉求职者，只要办理了服务卡，把你的资料放到网上，就可以保证在一年之内让你找到称心的工作。其实，一方面，农民进城找工作不可能等一年，另一方面，一年后这家中介公司存在不存在还是未知数。这些黑职介往往是收了钱后,用一些过期的旧岗位或者东拼西凑的垃圾信息来打发你,甚至有的根本就不能提供任何就业岗位。这也是一些违法职介机构所惯用的手法,最后吃亏的还是那些求职者。

骗局三:狼狈为奸。在黑职介骗人的手法中属于比较复杂的一种,就是务工者交了中介费以后,黑职介可能会真的帮你"找到了工作",并且也确实让你上了班。但这仍然是黑职介骗取求职者钱财的手段,只不过是披上了一件看似合理的外衣。通常的手法是这些非法职介和所谓的用人单位事先已经达成"互惠互利"的协议,在务工者"试用期"做满之前就把你辞退,务工者在他们那里永远做不到试用期满并签约。让求职者有苦说不出。

骗局四:挂羊头,卖狗肉。黑职介给务工者介绍的工作看起来很合适,可等你交钱后去面试,却不是那么回事,和他们介绍的情况相差甚远。如果你回去找他们理论,他们会说:我已经给你介绍工作了,你不去那是你个人的事儿。就是采取这种蛮不讲理的方式骗你钱财。

尽管黑职介想出了很多骗人的招数,但是对于求职者来说,在找工作的时候只要选择一些正规的职业介绍机构,就不会上当受骗了。

要识破就业中的骗局,应从以下几个方面做起。

第一,在进城前,要尽量想办法熟悉城镇的基本情况。可以翻阅介绍资料,也可以向熟人询问,你对自己想去的城镇了解得越多、越详细,就越有好处。

第二,当你准备到劳动力市场找工作时,必须知道需要履行哪些手续,需要你出示哪些证件,如果手续过于简单,就要谨慎对待。重要的是要了解为你服务的中介机构是否合法,可以通过查看他们出示的各种证明、营业执照和办公地点等,来识别这是不是合法机构。

第三,对每一个招聘广告都要反复审视。一个真实的招工广告一定都注明:用工单位的名称、地点、招工名额、工种条件、一般报酬等。如果用人单位名称、地点不详,招聘名额过多或过少,条件不明,报酬过高等,对此类广告要慎重对待。

第四,即使你接到录用通知也不要高兴过早,应该到用工单位进行实地考察,看该单位的情况是不是与你先前所知道的相符,从侧面了解该单位的合法性、从事什么生产或经营活动,如果发现有疑点,就不要轻易地去该单位工作。

8. 企业在招聘过程中都需要什么手续和相关的证件?

(1)进城务工人员在应聘过程中一般要提供的证件 应聘一般需持有身份证、婚育证、就业证、暂住证,进入服务行业的要有经过国家规定的医院或卫生院的体检合格证明。但是,自国务院办公厅发出《关于进一步做好改善农民进城就业环境工作的通知》后,各地对证件的要求出现了很大的变化,如沈阳市、武汉市已取消暂住证,上海市已实行居住证制度,山东省、河南省平顶山市取消了就业证,河北省只需要《就业失业登记证》,浙江省只需要提供身份证即可。由于近期各地对证件的要求不尽统一,务工人员在决定去某地之前最好先打听一下该地的要求。

(2)正规企业的招聘过程 一般是先填一张员工工作登记表,然后进行资格审核,主要通过对上面所说的证件进行审核。审核合格后,确定试工期,这时企业可能要求务工者提供照片和身份证复印件,用以备案。应特别指出的是,所谓交押金、扣身份证的做法都是违法的。员工在企业试工期内,基本工资不得低于该地区的最低工资标准。正规的企业都有责任为员工进行免费的培训,这样可以使员工更快地适应岗位,从而减少工作中的失误。在试用期内得到用人单位肯定的,要与务工者签订正式的劳动合同。总之,现在企业的做法一般是:第一,进行正规员工登记,并对务工者进行资格审核;第二,要签订一个合法的劳动合同。

作为务工人员,考查一个企业时,要看这个企业是不是有合法的经营手续。比如营业执照,其在工商局、税务局、卫生防疫站、环保局有没有合格的资质证明,也是很重要的一点。

9. 在劳动力市场可以获得哪些信息？

在正规的劳动力市场(如职业介绍所、人才交流机构等),通过咨询可以获得有关职业岗位的需求信息和职业岗位对从业者素质要求的信息。

(1)职业岗位需求信息包括 什么地方需要劳动力？目前哪些行业就业人数多？哪些岗位就业竞争激烈？哪些行业或职业就业人数少？哪些职业岗位就业容易？各类职业的报酬如何？等等。这些机构常年研究劳动力市场的变化,对这些问题一般能给予比较准确的回答。

(2)职业岗位对人的素质的要求 任何职业都对人的素质有一定的要求。这些素质包括:对从业者生理素质的要求、心理素质的要求、知识素质的要求、能力素质的要求、思想品德素质(包括职业道德素质)的要求等。这些机构常年为用人单位输送劳动力,对用人单位喜欢用什么样的人、不喜欢用什么样的人、什么职业岗位需要什么样的人等问题有准确的了解,他们可以为你准确地提供这方面的信息。在许多职业介绍和就业咨询部门设有专门的咨询员,备有各种心理测验和职业测验工具,帮助你了解自己适合哪类职业。

10. 如何对待各种招聘信息?

刚刚进入城市的务工者可能都会接触到电视、广播、报刊等大众传播媒介传递的各种各样的就业信息,还有眼花缭乱的招聘会、劳动力供需见面会提供的各种就业信息。除此之外,各种职业介绍机构、劳动中介机构也以各自的形式向人们提供各类就业信息。面对大量信息,如何处理和利用它们呢?

首先,要对得到的各类信息进行分类整理,把对自己有用的、适合自己的信息留下来,并按一定顺序排列好。

其次,要辨别各类就业信息的可用性。一般说,正规报刊、广播、电视提供的就业和用人的信息是真实的,但也要防止就业信息中的陷阱。要辨别信息的可用性,主要看发布信息的机构是否是正规的,所发布的内容是否详细,有无时间限制,对应聘者的要求是否明确等。有些广告,为了敛财,发布含糊其辞的广告,让报名者邮寄报名费,对于这类就业信息,一定要提高警惕,千万不能轻信它,更不能轻信街头散发或张贴在墙壁上的小广告。

就业信息是找工作的基础。你掌握的信息广泛,信息质量高,你就拥有适应城市就业和生活的主动权。因此,就业信息的收集要全面、系统,要注意信息的变化,要提高对信息的鉴别能力。这无论是对初次进城就业还是已经就业需要转换职业的人,都是十分重要的。

11. 面试前要做什么准备,面试时如何给对方留下良好的第一印象?

在进城务工过程中,无论找什么工作都会经过面试这一关。面试就是在用人单位初步审查后安排的面对面的谈话,对方会向你提出一些问题,根据你的回答和对你的印象决定是否录用。面试之所以重要,在于它既让你有了直接与招聘者面对面接触的机会,又有利于你对用人单位的了解。通过面试,用人单位可以了解你的人品、能力,是决定是否录用的依据。通过面试交谈也可以帮助你了解这份工作的工作环境、气氛、工作条件、待遇,了解老板的人格与品质,也是你决定是否去该单位工作的依据。所以必须重视面试。

(1) **面试前应做好两方面准备** 一是思想准备,二是行动准备。

思想准备包括两个方面。

第一,端正心态。不管面试的成功率有多大,都要充满自信地去应对。如果面试成功了,那自然是好事;不成功也不能灰心丧气,千万不能因为失败了就失去信心和勇气。要把失败看成是一次锻炼,从失败中总结经验教训,为下一次面试积累经验。

第二,要珍惜工作机会。找一份工作并不容易,进城就业不能理想化,要用一种平和的心态对待就业问题。即使找到一份不太理想的工作,也不能嫌弃它,而应该以"干一行,爱一行"的事业心和责任感把工作做好,因为它是你以后工作的基础。

行动准备则包括了三个方面。

第一,了解你应聘的单位的具体情况。比如单位的地点、环境、员工待遇、主要负责人等。因为这些将成为面试时的共同话题,如果在面试时招工负责人发现你对这些情况很清楚,就会减少陌生感,增加亲密感。

第二,了解你所要应聘工作的性质和特点。这样,面试时才能根据工作性质和特点,有针对性地向招聘者阐述你的能力和特长,让别人相信你就是适合这份工作的最佳人选。

第三,把个人的基本情况用文字表述出来,也就是整理一份简历。比如你的姓名、籍贯、性格、爱好、特长及工作经历和经验等都填写清楚,这样做,简单明了。面试要取得好的效果,还需要事先多演练几次,避免面试时因为紧张或其他的原因而出现失误。

(2)面试时如何给对方留下良好的第一印象

第一,守时。守时是现代人的突出品质,城市与农村一个重要的区别就是具有强烈的时间观念。如果求职者迟到,会使对方认为你缺乏时间观念,缺乏诚信;也会使你自己处于被动、尴尬的位置,导致面试的失败。

第二,穿着整洁。并非要求一定西装革履,但是穿着必须整洁,不要给对方留下邋遢、不讲卫生的印象。试想,一个连自己都收拾不好的人,怎么能干好工作呢。

第三,注意礼节。言谈举止要有分寸,做到举止既大方又适度。打招呼时要用礼貌用语,称呼要得体,不要随便打断别人的谈话,也不要乱动面试现场的办公设施,以免引起他人的反感。同时,必须注意克服一些不良习惯,比如吸烟、随地吐痰等。

第四,实事求是。能力是胜任职业的资本,展示能力要尽可能地用事实说话,不能夸大其辞。如果是熟人推荐的,面试时也不要反复提及那个人的名字,因为能否胜任工作不在于关系,而在于自身的能力。

第五,最好能单独前往参加面试。如果你找人陪你到面试现场,会因为有人陪同而让招聘者感到别扭,干扰面谈计划。更重要的是,招聘者可能会认为你是一个独立性不强、缺乏自信的人。如果你一定要在亲友带领下参加面试,也要让他们在外面等候,不要进入面试现场。

12. 怎样对待自己的工作?

在就业竞争异常激烈的今天,得到一份工作固然不容易,但想要保住一份工作则更难。那么怎样对待自己的工作,做一个合格的员工呢?

第一,对工作要认真、负责。这是成为一名合格员工的首要条件。对于自己的本职工作一定要力求完美,尽职尽责,不能马马虎虎、随随便便应付了事。

第二,要有上进心。一个人仅仅满足于把自己份内的事情做好还是不够的,应该有更高的追求,要在工作中不断学习、进取,使你的上司感觉到你是一个有发展前途和值得培养的人。这样在竞争中就会处于优势,不会被淘汰。

第三,积极参加单位组织的各种活动。在做好本职工作的基础上,要积极参加单位的其他活动,包括公益劳动、文艺活动、志愿服务、为贫困地区捐款等。这些活动不仅体现一个人的思想素养和对生活的态度,也给周围的其他人带来愉快和欢乐,赢得其他员工的好感和赏识。

第四,处理好同事之间的关系。在和人们的交往中,傲慢、缺乏自信、感情用事、斤斤计较、拉帮结伙、教条、虚伪都是不受欢迎的。如果你身上或多或少地有这些毛病,就要努力改变它,处理好同事之间的关系,工作中取长补短,生活上互相关心、互相帮助。

第五,正确处理与上司的关系。处理同上司的关系很微妙,因为你的"生杀大权"就掌握在他们的手中,所以跟他们相处你要学会不卑不亢。所谓"不卑不亢",就是对上司不能一味的逢迎,要勇于坚持自己的见解,但不固执。不要像一团软面一样任人踩躏,当自己的利益明显受到伤害时,要敢于说不。在他人的眼里,你应该是个有思想、有见解、善解人意的人。

13. 什么情况下可以调换工作?

我们主张珍惜每一份工作,因为找一份工作实在不容易。但并不是不能换工作。随着社会的发展和用工制度的改革,劳动力的流动和职业的调换属于正常情况,适时地变换工作有利于人才的合理利用。一般认为,在下列情况下,可以考虑变换一下现有的工作。

第一,对现有的工作条件、工作环境不适应。当你的工作条件过于恶劣,危险性大,或人际关系过于复杂,对你的身心产生不良的反应,那么就该及时将这份工作辞掉,换一个更适合你的工作。

第二,付出与回报不成比例。当你认认真真将你的本职工作做得很出色,却没有拿到相应的报酬,并且这种现状又无法改变时,你就不能再将就了,可以摆脱这种分配关系,到另外的单位谋一份待遇合理的工作。

第三,现有的工作没有前途。如果你现在从事的行业、职业或岗位是个正在衰落的行业,或面临倒闭的企业或岗位,你就必须从这个行业或岗位上跳出来,另谋一个有利于自己发展的工作。

第四,违法的工作。如果发现你所做的工作是与国家相关法律、法规相违背的话,就要果断地停止工作,想办法及时脱离这样的工作单位和工作关系,必要时可以向有关部门举报,请他们帮助你摆脱困境。

第五,素质的变化。许多进城务工的农民在参加工作后,积极主动地学习文化知识，掌握现代科技，迅速提高了自身的素质，工作能力也大大提高了。原有的简单工作已经不适应自身继续发展的需要，而且又有从事更高级工作的可能，这时就需要调换自己的工作。

第六，个人职业兴趣的变化。城市为进城务工的农民提供了多方位的发展机会，在城市工作和生活过程中，你的兴趣可能会发生变化。当你的兴趣与现在所从事的工作不符时，不妨换一份感兴趣的工作。

第七，年龄的变化。原来可以从事的一些重体力劳动，随着年龄的增长和体质的变化，就会变得越来越不适应，如果勉强做下去，会严重影响身体健康。这种情况下也要考虑适时调换工作。

14. 调换工作需要注意哪些问题？

调换工作不能随心所欲，一定要慎重对待。当你出于某种原因需要换工作时，要注意以下问题。

第一，不能感情用事。不能由着自己的性子，因为一点小事、一点小矛盾就将已经熟悉的工作轻易放弃，那样对自己是个损失。

第二，不能好逸恶劳。任何工作都有其有利的一面，也有其不利的一面。如果只看到现有工作的困难之处，一心想换份轻松的、待遇高的工作，恐怕永远也不能如愿以偿，其结果往往是既丢了旧工作，又找不到新工作。

第三，不能唯利是图。挣钱，是每个进城务工的人的直接工作目的，但是，如果把追求高收入作为调换工作的惟一目标，忽视自身条件和进一步发展的需要，以牺牲自己的长远利益换取眼前暂时的利益，同样是得不偿失。

第四,不能随波逐流。不要因为看到某一行业非常热门,大家纷纷选择这种工作,就随大流、凑热闹。频繁调换职业的结果往往是新技术没学会,原有的知识、技能也被荒废了。

第五,不能好高骛远。换工作前先认真衡量一下自己的能力,看看是不是真的达到可以换一份更好工作的水平。如果自己的能力达不到新工作所要求的水平,就不要轻易调换工作,否则即使得到了新的工作也不能保住这份工作。

15. 建筑业的主要工种有哪些?

城镇建筑业是个庞大的职业群,包括砖瓦工、抹灰工、混凝土工、钢筋工、木工、油漆工、设备起重工、打桩工等几百种职业岗位。下面介绍几种主要工种。

(1)**瓦工** 瓦工的工作是使用手工工具,按设计技术规范要求,用砖头或石块进行砌墙、柱、门等,为屋顶盖瓦,对墙壁和天花板进行抹灰、粉刷。

(2)**混凝土工** 在建筑工地从事混凝土的配料、搅拌、灌浆等工作,建造钢筋混凝土结构或结构部件,如柱墩、桥梁等。

(3)**架子工** 脚手架在建筑工程施工中,是一项不可缺少的空中作业设施。架子工的任务就是用木头或钢管搭建与拆迁建筑作业脚手架,这是一项技术性强的高空作业工作。

(4)**杂工** 主要工作包括清理建筑现场的卫生、挖掘地基、搬运建筑材料等,是不需要特殊技术的体力劳动。

16. 建筑业对务工者的素质有何要求?

建筑业是一个艰苦而且技术性很强的行业,在选择该行业时要注意衡量一下自己,是否具备如下素质。

(1)**身体条件要好** 建筑业大都是强体力劳动,从业者必须是年轻力壮、没有疾病的人。凡患有高血压、心脏病、贫血、癫痫等症的人不宜从事建筑工作。另外,根据从事的具体工种不同,对身体素质的要求也不同,如架子工要求不能有恐高症。

(2)安全意识要强 这是由建筑业的特点所决定的。因为在施工过程中,经常会有高空作业;工地上到处都是钢筋水泥、砖头瓦块,稍有不慎就可能发生意外,任何粗心大意都可能威胁到生命安全。因此,在建筑工地工作,必须严格遵守施工的安全要求,遵守安全操作规范。作为建筑工人,不光要胆大,还要心细,牢牢树立安全第一的意识。

(3)知识与能力 劳动者应具备初中的物理、化学、代数、几何知识,掌握建筑工艺中的一种或几种技能,熟悉有关建筑质量标准、质量管理等知识,了解建筑的一般过程,懂得灭火、安全用电和急救常识等。

(4)建筑业职业资格 从2004年9月1日起,山东省建筑业技术工种从业人员必须在取得《中华人民共和国职业资格证书》后才可上岗。《山东省建筑业技术工种从业人员实行职业资格证书制度规定》中规定:全省建筑业生产、经营单位需要招收、聘用相关职业(工种)范围的劳动者,必须从已取得相应职业资格证书的人员中录用。天津、广州等许多城市均有此要求。

建筑是百年大计,建筑质量与建筑劳动者的技术、责任心密切相关,从事建筑工作的劳动者除了要有精湛的技术外,还应有高度的责任感和精益求精的工作态度。

17. 室内装修业对务工者的素质有何要求?

在大城市,室内装修业吸纳了众多的进城务工劳动力,室内装修业包括众多的工种,除室内建筑材料的设计、生产、加工外,主要有木工、门窗工、油漆工、抹灰工、管工、电工等。室内装修业涉及到建筑物的安全、居室环境保护、舒适美化等内容,因此对从业者的素质有较高的要求。

  对于从事室内装修业的人员来说,首先要具有初中以上的文化程度,具有2年以上的专业训练或操作经历;了解各类装饰材料的性质、用途、使用方法,掌握室内装修的工艺过程;有一定的设计知识和识图能力,能够按照图纸进行作业处理;掌握安全技术规程,以及防毒、防火的常识;室内装修业的各个工种均有较高的技术要求,从业者必须掌握熟练的操作技能。

  审美素质也是必须的。现代的室内装修已不同于过去简单的墙壁粉刷,而是越来越要求美观、大方、舒适、环保,做工精细。室内装修更像是一件工艺品,要求对室内的地面、墙面、顶棚、厨房、浴室、灯光的颜色、形状、布局都要具有整体美感。工作人员缺乏审美能力、审美情趣和审美修养是不能胜任的。

  从事室内装修一定要讲职业道德。室内装修关系到整个建筑物的结构安全,不能为了施工方便,或满足雇主的要求,无原则地破坏房屋结构;室内装修关系到居住者的安全,不能使用劣质的、有毒的装饰材料,危害居住者的健康;从事室内装修不能有"一次性"的心理,要从使用者长远利益出发,不能鼠目寸光,要靠良好的装修质量赢得用户的认可。

  随着居民收入水平的提高,越来越多的家庭开始注重自己的居住环境,都希望把自己的家装修得舒适、美观,这已经成为一种消费趋势,所以这一行业有极大的发展前景。

18. 应聘建筑业技术工种为什么必须有相应的技术资格证书?

2003年,建设部、劳动和社会保障部联合发出《关于建设行业生产操作人员实行职业资格证书制度有关问题的通知》,要求在建设行业内各类企、事业单位施工、生产、服务的技术工种操作人员实行职业资格证书制度。要想从事建筑业的技术工作,应了解国家对各技术工种的要求和考核标准,参加建设部及劳动和社会保障部门组织的资格认证考核,取得相应的资格证书,才能应聘建筑业技术工作。

对于建筑行业技术工种的技能标准和岗位规范,国家有明确规定。例如木工分初级、中级和高级三类技术资格,其中初级木工要求如下。

知识要求(应知):

第一,识图和房屋构造的基本知识,看懂本职业有关的分部分项施工图。

第二,常用木材、人造板的种类、性能和用途,鉴别木材的疵病(如腐朽、节疤、裂缝等)及木材防腐、干燥方法。

第三,常用木工机械的构造、性能和发生故障的原因及处理方法。

第四,木材和成品变形的预防和一般变形的补救方法。

第五,一般配料常识,拼缝和各种榫头的制作方法及使用部位。

第六,常用化学胶的使用、保管方法。

第七,门窗榫接种类,普通门窗五金规格、种类及使用范围。

第八,胶合板门及硬百页门、窗的制作方法和一般楼梯模板的制作、安装方法。

第九,梁、板、支撑的受力常识,桁架顶撑和模板木带的规格、间距。

第十,模板、顶棚和木屋架的起拱知识。

第十一,常用钢模板的规格、型号和模板翻模、滑模施工工艺的基本常识。

第十二,本职业的安全技术操作规程、施工验收规范和质量评定标准。

第十三,铺塑料、纤维地板地面和安装塑料扶手的方法。

操作要求(应会):

第一,使用水平尺与线坠找平、吊线和弹线。

第二,修、磨、拆、装木工自用工具,操作与维护常用木工机械,装对刀具、设置防护装具等。

第三,选料、一般划线、锯料、刨料、打眼、开榫、推槽、裁口、起简单线条,钉屋面板、顺水条及顶棚、板墙的灰板条、金属网。

第四,制作、安装普通半截玻璃门、横棱玻璃窗和安装金属、塑料门窗。

第五,制作、安装一般壁橱、窗台板、窗帘箱和钉纱门窗。

第六,安装执手门锁(包括拆、装锁内零件)和各种弹子门锁、弹簧插销。

第七,配制、安装、拆除一般基础、梁、柱、阳台、雨篷模板和一般预制构件模板,组装钢模板及配合安装、拆除模板。

第八,按大样图制作、安装 12 米以内的木屋架、檩条和铺钉石棉瓦,吊一般顶棚(包括轻钢龙骨)。

第九,摆放楼地板龙骨,铺、刨企口地板和钉踢脚板。

如果进城想从事建筑业技术工作,应在当地接受劳动社会保障部门的培训,参加国家的技术资格考试,取得相应的技术资格证书。

19. 应聘建筑业的职业技术工种为什么必须通过技术培训?

建筑业的职业技术工种应根据《中华人民共和国职业分类大典》及《中华人民共和国工种分类目录》确定,但是目前全国各地对建筑职业技术工种的培训要求不尽相同。从深圳市建筑业协会获悉,该市建筑施工行业中砖瓦工、架子工、抹灰工、混凝土工、木工、防水工、钢筋工、油漆工等八大工种将开始进行职业技能的培训和考试,考核通过后将颁发《职业技术鉴定许可证》,并按照技能分为初、中、高三级。

一般来说,建筑企业中需要持证上岗的主要有砌筑工、抹灰工、钢筋工、混凝土工、油漆工、防水工、木工、水暖工、架子工、模板工、管道工、建筑电工、钣金工、石制作工等技术工种。按照2003年建设部、劳动和社会保障部联合发出的《关于建设行业生产操作人员实行职业资格证书制度有关问题的通知》,各省市都在组织相关技术资格的培训及认证工作。如果进城打算从事建筑行业以上技术工种的工作,希望注意当地对于该技术工种的培训和资格认定,在取得职业技术资格后,方可进城。

20. 承包商拖欠工资怎么办?

建筑行业拖欠职工工资的问题,已成为我国目前非常普遍和亟待解决的社会问题。劳动和社会保障部、建设部《关于切实解决建筑业企业拖欠农民工工资问题通知》中要求,对用人单位拖欠和克扣工资等行为而引起的劳动争议案件,劳动争议仲裁机构要及时进行调解;对不能达成调解协议的案件,及时做出裁决。农民工也可直接向当地劳动争议仲裁机构申请仲裁。用人单位对劳动争议仲裁机构的裁决无异议又拒不执行的,被侵权的农民工可依法向人民法院申请强制执行。

河南省建设厅就建设领域拖欠工程款和农民工工资等问题做出新规定:新开工工程资金必须落实,否则暂缓颁发施工许可证。同时,因分包而发生承包方克扣或拖欠农民工工资的,由总承包方企业法人垫付所克扣或拖欠的工资。

在《北京市建筑施工企业劳动用工和工资支付管理暂行规定》中规定,建筑施工企业有下列情形之一的,劳动者有权向劳动保障行政部门举报,也可以依法申请调解、仲裁和提起诉讼。

第一,招用劳动者未签订劳动合同的;

第二,克扣或者无故拖欠劳动者工资的;

第三,支付工资低于本市最低工资标准的;

第四,办理终止或解除合同手续时,未同时一次性付清劳动者工资的;

第五,有其他劳动用工和工资支付违法行为的。

当发生建筑企业拖欠工资的情况后,一定要依法维护自己的权益,有政府为我们撑腰,还怕什么?切不可采用爬塔吊、跳楼等极端方式。

21. 从事家政服务业有哪些素质要求?

家政服务的形式也是多种多样的,有相对稳定的,也有临时的或小时工,有单项的家政服务,也有综合性家政服务。

家政服务业的特点是进入家庭内就业,工作杂而细,并要与各种各样的雇主接触。因此,对家政服务业人员的素质要求也比较高。

(1) 身体要健康 对从事家政服务业的人员来说,身体条件是前提,不仅洗衣、做饭、打扫卫生等工作需要有较好的体力,也因为你要与婴儿、老人甚至病人接触,而他们的抵抗能力又都比较弱,所以,要求家政服务人员必须身体健康,不能患有任何传染病,同时要有良好的卫生习惯,不能把病传给别人,也不让别人把病传给自己。

(2) 良好的个性品质 报纸电视上有过这样一些报道:某小时工盗窃雇主家中的财物,某保姆虐待雇主家的老人,更严重的还有人拐卖雇主家的儿童。因此,很多人对雇保姆和小时工存在一定顾虑。所以,具有良好的个性品质,是从事家政服务业最基本的要求。

(3) 心细、有耐心 家政服务业是为家庭或个人提供服务,琐碎的事情很多,尤其对于照顾老人和孩子更要有足够的细心和耐心。

(4) 有良好的人际沟通能力 从事家政服务业的人员几乎要与雇主家中的所有人朝夕相处,所以,这就要求务工者有一定的沟通能力,及时向雇主反映各种情况,出现问题能够解释清楚,防止出现误会。同时,良好的人际沟通能力,也能帮助务工者与雇主及其家庭成员和睦相处。

目前高薪高职者工作压力大,不少家庭已不再满足于请钟点工搞卫生、做家务,而希望请个全能型的家政员把家里的事都给安排好,从而少操一份心,也让自己能在家中得到充分的休闲和"充电"。按照岗位要求,"高级管家"应当能够完成家庭事务管理、家务筹划、家庭接待、营养膳食、健康护理、家庭教育等多项任务,对这样的家政服务员一般要求具有大专以上学历。

22. 应通过哪些渠道寻找家政服务工作?

如何更快捷更方便地去寻找家政服务工作呢？报纸、电视、户外广告、朋友介绍等等都是一种非常好的方式,而由于服务员要进入雇主家庭工作,雇主要求对服务员要有充分的了解和信任,他们往往通过朋友、亲戚介绍,或通过家政服务公司推荐。所以,进城寻找家政服务工作也应从以下途径着手。

(1) **通过城里的亲戚、朋友介绍** 这样可以对雇主的家庭情况、职业、品德能有一个较详实的了解,便于很快进入角色,把工作做好。

(2) **通过当地妇联或有资质的家政培训学校介绍** 例如,2003年陕西米脂县创办了"米脂女子家政学校",许多"米脂婆姨"在此完成职业培训,奔赴北京,从事家政服务工作,创出了名牌效应。

(3) **通过务工地家政服务公司安排** 现在随着家政服务市场需求日趋旺盛,各城镇家政服务公司也遍地开花。到达务工地后,可到正规的家政服务公司应聘,接受他们的培训,再等待雇主的聘任。这种方式管理比较正规,但雇主需要付出的费用较高,所以一般在北京、上海等收入水平较高的大城市才有市场。

23. 从事家政服务应办理哪些手续?

如果是通过家政服务公司寻找家政服务工作,那么应聘家政服务人员应当提供下列资料。

一是本人身份、学历证明。

二是身体检验报告。

三是其他从业资格证明。

还应当与家政服务公司订立劳动合同。劳动合同应采用书面形式。劳动合同一般应包括以下条款。

一是劳动待遇。

二是工资支付方式。

三是社会保险费用的缴纳。

如果是通过朋友介绍找的家政服务工作,大多数是口头讲好职责、报酬。不过最好是和雇主签订一份劳务合同(劳务合同的内容在维权部分有详细介绍),以明确各自的职责、权利,以免日后出现问题说不清楚。

24. 家政服务员应注意哪些问题?

作为家政服务员,主要是服务于雇主一家人,要和他们近距离接触,所以,日常工作中要注意处理好以下问题。

第一,服务人员应当举止文明,语言规范,按照合同提供服务,不对外泄露消费者隐私,不得损害消费者合法权益。服务中发生纠纷的,及时向家政服务公司反应,不得私自离岗。

第二,要明确自己的主要工作责任和范围,并确定好先后次序,如:照顾婴儿、照顾小孩、照顾老人、买菜做饭、家居清洁、洗熨衣服等。

第三,服务人员合法的人身权、财产权受法律保护,家政服务公司、雇主不得擅自变更。

第四,雇主有下列情形之一的,服务人员可以拒绝继续提供服务,家政服务公司可以解除家庭服务合同,并依法追究雇主的责任。

一是不按约定支付服务费和相关费用,经催告后在合理期限内仍不支付的。

二是虐待服务人员、违反合同的。

三是胁迫服务人员从事违法活动的。

四是有其他额外的或危及人身安全的服务及损害服务公司、服务人员合法权益行为的。

25. 家政服务可供选择的工作类型有哪些？

家政服务的工作类型和工作内容见下表。

家政服务的工作类型和工作内容一览表

类别	工作类型	工作内容
一类	一般家务	洗衣、做饭、家庭卫生、清洁为主要任务
二类	护理婴幼儿	3岁以内幼儿,独立或协助护理婴幼儿,同时兼做家务
三类	陪护老人	陪护70岁以上老人为主要任务,同时兼作家务
四类	家庭护理病人	以护理病人为主要任务,同时兼做家务
五类	医院护理病人	以在医院护理病人为主要任务
六类	家 教	各类家庭教学式辅导
七类	小时工	各类家政服务以小时为计酬单位的临时用工
八类	月 嫂	产妇及婴儿护理(有的兼做家务)

不同年龄的服务员,各有优缺点,必须依不同的家庭情况而定。一般情况下,17～24岁年龄阶段的服务员教育程度较高,体力精力充足,最适合带小孩和做一般家务;25～39岁年龄阶段的服务员较成熟、稳重,工作经验较多,最适合做月嫂或病人护理;40岁以上年龄阶段的服务员都具有相当多的工作经验及人生经历,富有耐性,往往是最佳的聆听者,最适合照顾老人、病人。

26. 从事餐饮业有哪些素质要求?

餐饮业包括的范围很广,大到宾馆、饭店、机关与学校食堂,小到茶馆、酒吧、饮食摊点、大排档等。涉及的职业包括餐厅经理、厨师、饭店服务员、食品售货员、送餐员、原料采购、洗碗工等。这里只介绍厨师和餐厅服务员。

厨师可细分为烹调师、面点师和冷拼(包括食品雕刻)等。

餐厅服务员包括前台和后台两类。前台包括各式餐厅、宴会厅、酒吧、咖啡厅等,后台包括厨房、洗涤、采购、保管、财会等。在饮食服务中,餐厅服务占有重要地位,一般把从事饮食服务性工作的人员都称为餐厅服务员,分工有领台、值台、账台、传菜、衣帽服务等。其工作任务有六项:托盘、口布折花、铺台、斟酒、上菜和分菜。每一项工作都有特定的要求和程序。

从事城市餐饮业无论是做厨师还是餐厅服务员,都要求具有强烈的服务意识,有端正的服务态度,具有热情、开朗、乐观的心理品质,具有民族自尊心和民族自豪感,能严格遵守职业纪律,能够自觉地抵制精神污染和金钱腐蚀。

在文化知识方面,要具有初中以上文化程度,懂得心理学、民俗学,具有原料知识、营养学知识、卫生知识和经营管理知识,如果在涉外饭店工作,还需要外语知识和会话能力。作为服务行业服务人员,直接与顾客打交道,需要丰富的知识面,不仅对本饭店经营的饭菜和酒水有足够的了解,还要对饮食知识和饮食文化有一定的了解,能满足不同群体、不同层次顾客的需求。

在生理方面,要求男性身高1.70米以上,女性1.60米以上,视力不低于0.6,味觉、嗅觉灵敏,动作反应迅速,双手及眼手协调能力强。无色盲、无口臭、无口吃、无皮肤病、无传染病。对于服务员还要求五官端正、言语流畅。

餐饮业是窗口行业,要求从业者具有良好的个人修养。注重仪表,整洁大方,懂得礼仪。穿着打扮要合适、合体、合度,保持饱满的精神状态。

27. 从事修理业有哪些素质要求?

修理业的内容十分广泛。常见的有电器修理、机动车与人力车修理、钟表和眼镜修理、上下水管道修理以及皮鞋、雨伞、皮包等物品的修理。从业的方式也是多种多样的,有的应聘于公司、企业,如自来水公司、天然气公司、汽车修理厂等,有的自己租房开修理部,有的只是摆个修理摊。

无论从事什么内容的修理业,都需要具备一定的专业知识和娴熟的修理技术,如果能够做到"手到病除",那一定会赢得众多的顾客。这里需要着重指出的是职业道德问题。

在职业道德方面,修理业中普遍存在两个问题。

第一个问题是缺乏帮人排忧解难的精神。修理业是一项技术服务工作,凡是上门的顾客,都是因急于解决问题而来的,有些从业人员却把一些利润少的活儿拒之门外,使顾客感到失望。有的从业人员缺乏急人所急的工作态度,对于送上门来的修理业务拖拖拉拉,不能按顾客的要求及时完成任务,造成顾客的不满。

第二个问题是乱收费。有个别从业者见利忘义,认为顾客外行而胡乱收费,使顾客蒙受损失。这样久而久之,使顾客失去信任感,所设的摊点也自然难以维持。

因此,从事修理业重要的是要信守诚信,做到急顾客之所急,想顾客之所想,文明服务,童叟无欺。另外,也应看到,随着社会的迅速发展,修理业发展十分迅速,不仅修理业务越来越多,顾客要求修理的东西越来越复杂,而且用于修理的工具也越来越先进,这就需要从业者不断地钻研技术,学习新的方法,学会使用最新的检测工具,提高服务水平。

28. 从事服装加工业有哪些素质要求?

服装与人们的生活密切相关,是社会文明进步和人民生活水平的重要标志。服装加工是将面料剪裁、缝制、熨烫制成合体的服装。服装制作有分工协作和个人独立制作两类。前者主要是在服装公司、服装加工厂,包括设计、打样、裁剪、缝纫、打扣眼、锁边、熨烫、包装等工艺;后者多是个体形式的服装店,集量体、裁剪、缝制为一身的完整制作。在制作新衣的同时,如果能开展补衣、改衣、熨衣等多项服务,更会受到顾客的欢迎。

服装加工对从业者的素质也有一定的要求。

第一,不能有色盲、色弱等缺陷,要有良好的记忆和尺码计算能力,四肢动作灵巧,双手动作协调性要好。

第二,具有初中以上文化程度,经过服装加工专业培训。能够识别裁剪图样,了解缝纫要求,能够熟练使用缝纫、绞边、锁眼等机械。

第三,有许多到城镇从事服装加工的人由于受传统服装观念的制约,影响了自己事业的发展。只有更新观念,把握住各季服装流行趋势,才能在城市服装加工业中站住脚。

29. 从事书刊零售业有哪些素质要求?

书刊零售业是城镇服务业的重要内容,也是农民进城就业的重要渠道。书刊销售方式分为流动零售和固定摊位销售两种。根据销售内容又可分为书刊销售和电子出版物的销售。

从事书刊零售业,首先需要从业者了解有关图书、报纸、杂志等出版物方面的知识。熟悉批发、零售业务,懂得市场行情,特别要研究不同的读者群体的阅读兴趣,了解市场上哪种书刊、报纸、杂志比较畅销。从事书刊零售工作的人本身应该是个喜欢读书的人,能辨别出版物的良莠,能为读者介绍、推荐好的出版物。

其次,要有较强的法律意识。国家对个体销售出版物有明确的规定,如不得经营进口书刊及港、澳、台书刊和"内部发行"的书刊;不能经营国家明令禁止的出版物和其他非法出版物,如凶杀、淫秽、盗版书刊;不能以各种形式批发或零售由新华书店经营的党和国家领导人著作、重要文献,党和政府统一规定学习的政治理论书籍,中小学课本和大中专教材,以及国家新闻出版管理机关规定的个体、私营书摊不能经营的其他类别书刊;不能加价或强行搭售书刊。

需要强调的是,从事书刊零售是传播精神文化的工作,一个人的道德水准、政治觉悟、社会责任感是非常重要的。如果见利忘义、惟利是图,就很容易被利益所驱使,非法销售不健康的出版物,对社会造成危害,结果也使自己走上犯罪的道路,这方面的教训是屡见不鲜的。因此,要求从业者要不断地学习,提高自身的文化素质、政治素质和道德、法律素质,做一个文明、守法的经营者。

30、从事美容美发业有哪些素质要求?

美容美发是居民服务业的重要内容,分为美容师和美发师。美容师主要负责皮肤护理、按摩、纹眉、去斑等工作。美发师主要工作包括:剪发、烫发、染发、护发、焗油、吹风、盘头等。

在十几年前,人们还没有完整的美容美发的概念,只是简单的到理发店理发,或烫个头。而今天,人们审美需要越来越强烈,对美容美发也更重视了,原因在于人的头发与面部是人体最裸露的部分,在人际交往中彼此的"第一印象"就是来自对方的面部和发型,美好的仪表自然能够增强人际的吸引力。正因如此,人们对美容美发从业者的要求越来越高。

首先,美容美发从业者要有初中以上文化程度,有一定的美学知识和心理学知识,掌握美容美发业务的基础知识、设备工具知识、熟知相关的化学药品属性,还要具备防护知识。

其次,现代美容美发从业者要有相当专业的水平,扎实的美容美发功底,具有较高的审美能力。能够根据每一位顾客的职业、性格、身材等条件,确定最适合的造型,为顾客提供满意的个性化服务。

最后需要指出的是,美容美发业是创造美的工作,作为从业者本身更要注意对美的追求。要求个人容貌端正、着装整洁、仪表大方。如果能根据本店的性质,在服装、饰品上加以合理搭配,更能够给人一种美的享受。

31. 从事保安工作有哪些素质要求?

保安的职责是维护居民正常生活不受坏人侵扰,保护居民或单位财产不受损失,同时协助有关执法机关对某些违法乱纪行为进行解决处理,维护治安环境。保安人员可以工作在公司、机关、学校,也可以工作在大型商场、超市、娱乐中心和居民社区等。由于与其他服务业性质不同,对于从事保安行业的人员也有着特殊的要求。

首先是身体条件。保安人员一般由身强力壮的年轻男子来担任,许多单位都要求从业者身高在 1.70 米以上、五官端正的年轻男性,最好懂一点武术和防身术。

其次要有法律常识。由于保安是个特殊的行业,经常面对违法乱纪的行为,因而必须了解一些法律常识,懂得如何运用法律来保护集体与个人的利益,并利用法律对付坏人坏事。懂得法律,才能更好地发挥法律的威严与效力。作为保安人员,一定要杜绝违反法律的现象发生。

其三要有好的职业道德。从事保安工作要求具有极强的责任心与正义感。面对可能出现的问题,甚至可能出现的危险,不能睁一只眼闭一只眼,也不能临阵退却,要敢于同坏人坏事作斗争。

其四是不要越权。由于保安人员是各单位招聘的普通职工,尽管穿着制服,但完全不同于公安、检查人员。作为保安人员要明确自己的角色身份,不能出现超越自己职权范围内的行为。例如在一家超市内,保安人员怀疑某人有盗窃行为,就对当事人提出搜身的无理要求,这就超越了自己的职权范围。

32. 从事个体经营需要具备哪些基本条件?

（1）**人力** 无论是当老板,还是做员工,都必须是年满16周岁,具备独立承担民事行为的能力。除此之外,还要有一定的管理能力和经营能力,身体健康条件与职业要求相适应,如从事个体餐饮经营,就需要身体健康,没有传染病等。

（2）**财力** 从事个体经营,必须具备一定的财力。财力包括固定资金和流动资金。固定资金用于购买置办厂房、店铺等固定资产,流动资金用于购买货物等。如做个体零售,进货的资金就属于流动资金。

（3）**物力** 具备从事相关个体经营的基本设施和工具,如餐饮经营要具有厨具、碗筷、桌椅等,个体零售要有货架等等。

（4）**场地** 除了流动摊商和流动的手工业者之外,个体经营都要有一个固定的经营场所,如厂房、店铺、门面等。

（5）**执照** 从事个体经营必须首先到管辖经营地点的工商部门进行注册登记,接受必要的审查和考核,领取营业执照。开始营业后一定要照章纳税,偷税漏税会受到非常严厉的处罚。

33. 从事推销业有哪些基本要求？

推销员是从事商品、服务推销工作的人员,属于经营一线岗位的劳动者。推销员市场对推销员有哪些要求呢?

（1）**良好的道德素质** 推销员大多是单独外出执行推销业务,需要具备良好的道德修养而无不良嗜好。所以企业招聘推销员时,一般都会查看简历,了解有无不良记录。

（2）**有一定的推销经验** 在人才市场上、报纸招聘广告上,你可以看见几乎每则信息的要求都有一条:有2～3年工作经验。企业挑选一些素质相对高的人从事销售工作,企业培训后马上可以上岗,迅速进入工作状态。有工作经验的人工作效率相对高一些,同时培训投入也相对小一些。

（3）**肯吃苦,经磨练** 推销员每天起早贪黑,早出晚归,十分辛苦。而今天的推销员不仅要能吃苦,还要有毅力,经得起磨练。今天你已经被客户拒绝了25次,看你还敢不敢走进第二十六个客户的店面。

三、进城后的生活安排

1. 怎样才能与城里人相处好？

在城里打工，衣食住行都要在城里解决，肯定要和城里人打交道，怎样才能与城里人友好相处呢？

俗话说，"入乡随俗"，到了一个地方，就要顺应当地的风俗习惯，遵守当地的社会规范。有人说"城里人高傲，瞧不起乡下人"，其实不然。城里人对外来务工者态度不友好，可能仅仅是务工者的一种主观感受，也可能是因为务工者的行为不符合城镇的社会规范而与城镇居民不能相融。因此，了解城镇的社会规范和生活习惯，并且遵守这些规范，这是让城里人接纳并与他们融洽相处的重要基础。

每当到了一个陌生的地方，要想与当地人相处融洽，关键是自己要摆正自己的心态。很多农民朋友进城之后一直有一种强烈的自卑心理，往往把别人的关心看成是对自己的可怜，把别人善意的批评看成是恶意的欺负，给自己平添许多烦恼。这就很难与城里人沟通。为了改变这些看法，必须树立自信心，发掘自己的优势，肯定自己的能力。每个人都有自己的优势和劣势，从农村走进城镇，能够在城里找到一份工作，凭自己的智慧和力气生活，已充分证明了你的能力，所以没有什么可自卑的，应该有的是自信。当一个人有了自信心，也就有了平和的心态，即使别人有一些偏见，也能正确对待。

另外，不要拒绝与城里人沟通，也不要排斥讲普通话。因为普通话是最方便交流和沟通的语言，什么地方的人都可以听懂。不要因为害羞或者不好意思等原因不讲普通话,一味坚持讲家乡话,这样不但不利于与周围的人沟通和交友,也不利于自己的学习和提高。在工作和生活中要大胆而坦诚地对待同事、领导、房东和周围的其他人,处事通情达理,不可得理不饶人;他人遇到困难,要热情帮助,做一些力所能及的事情。

总之,与城里人相处交往,不要拒绝沟通和学习,牢记自己的不足并逐步改正,还要注意发挥自己的优势,增强自信心,坚信通过自己的努力可以使自己的生活变得更好。

2. 城镇有哪些常见的日常行为规范和生活习惯?

城镇有许多不同于农村的日常行为规范和习惯,归纳起来主要有以下几个方面。

第一,行车走路要遵守交通规则,尤其注意过马路要走人行横道,不要冒着生命危险跨越马路上的护栏,或者随便乱穿马路。

第二,买东西或者买票等如遇人多,要自觉排队,不要拥挤和"加塞"。

第三,坐公共汽车要先下后上,即让下车的人先下来,再顺序上车,不能一拥而上。

第四,要有时间观念。就是说要有准确的时间概念,不能像在农村那样延误"一袋烟的功夫"不要紧,"前半晌"不行还有"后半晌"。城镇生活节奏紧张,干什么都要严格遵守时间,不守时的人是不受欢迎的。

第五,不要随地吐痰,不要随地乱扔垃圾,要保持环境清洁。

第六,自觉爱护公共财物,不破坏树木、花草、电话亭、地下管道、垃圾箱等一切公共设施。

第七,穿戴得体,举止得当。在城镇里,如果举止和穿戴过于随便,会受到人们的轻视,如夏天不能在大街上光背、穿拖鞋逛街。衣冠不整会被看作是不雅的行为。

第八,注意使用文明用语,如"你好"、"对不起"、"没关系"、"谢谢"、"请问"……等等。

既然你要在城镇工作和生活,你就应当了解和融入城镇行为规范和生活习惯。这样做无论对城镇文明建设,还是对自己的工作和生活都是必不可少的。

3. 怎样使用公用电话?

在城镇,公用电话非常多,有私人的计时收费电话,也有在大街两旁设置的公用电话亭,有磁卡电话和投币电话等。如果是拨打市内电话,那么拿起电话直接拨市内号码即可;如果要拨打外地的电话,要在号码前面加拨长途区号。

使用磁卡电话需要先购买磁卡,一般称"IC卡",邮局、报摊都有出售。使用投币的公用电话,就需要先准备面值5角和1元的硬币。

4. 怎样查询电话号码?

查询电话号码一般有两种方法。

(1)通过电话查询 如果查当地的电话号码,可以直接拨114,如果要查询外地的电话号码,需要在114的前面加上长途区号。

(2)通过电话簿查询 一般在邮局、车站等场所都备有电话簿,可通过电话簿查找电话号码,但一般的电话簿只能查到当地的电话。

5. 怎样使用紧急求救电话?

为了方便群众应对一些紧急情况,全国统一设有一些特殊电话,这些电话都是免费的。

(1)匪警电话　全国各地的匪警电话号码是统一的,都是110。遇到紧急情况,如被盗窃、抢劫及被人殴打等,即可拨打110,讲清楚自己发生了什么事情和事发地点,请求警察帮助。

(2)火警电话　全国各地的火警电话号码统一为119。遇到着火,首先要拨打119,讲明火灾发生情况如何,地点在哪里,要如实汇报,不能夸大,也不能缩小事实,请消防队提供帮助。

(3)急救电话　全国各地的医病急救电话号码统一为120,红十字会的急救电话号码统一为999。遇到突发病、需要紧急送往医院时,可以拨打120,讲明该病人发病的症状,如果知道病人得的是什么病,也要跟医院讲明,医院的急救车会以最快的速度前来救治。特殊情况需红十字会出面急救的,可拨打999。

(4)交通报警电话　全国各地的交通报警电话号码统一为122。遇到交通事故拨打122,讲明出事地点,交警会赶到出事地点处理问题。

6. 怎样租用出租房?

(1)寻找出租房的途径

第一,通过熟人打听房屋出租信息,这样省时省力,也比较可靠。

第二,通过看房屋出租广告来寻找。因为有些房主会通过张贴广告来出租自己的房子。

第三,到城镇住房小区的居委会去寻找,他们对自己管理的小区内有没有房子出租比较了解,有些房主也会委托居委会寻找租房的人。

(2)对出租房要进行必要的考查

第一,要知道出租人是否是这房子的真正主人,可以要求他出示房屋产权证。在城镇里,每一套房屋都有一个"房屋产权证",证明房屋属于谁所有。

第二,看房屋是否是违章搭建的,如占用公共路面的房屋等,租住了这些房屋,如果遇到检查,可能就会马上被拆除,到时候不得不重新寻找住处,而且还可能拿不到应退的租金。

第三,看房屋是否安全,包括看房屋的结构是否安全、是否过于低矮、是否有通风窗子等,保证居住的安全。

(3)签订房屋租赁合同 看好了房子,就要和房主谈价钱,不要依赖于单纯的口头约定,而要签订书面的房屋租赁合同。这样,如果发生什么纠纷,可以凭借合同寻求有关部门的保护和调解。

7. 怎样在银行和信用社办理存款手续?

在城镇务工挣钱不容易,除去必要的消费支出和寄回家的钱之外,应该将剩余的钱存入银行。因为务工流动性大,周围人员也比较复杂,把钱放在身边很容易丢失或被盗。

目前,国家银行主要有中国工商银行、中国建设银行、中国农业银行、中国银行等,还有城市信用合作社等。这些银行和信用合作社在全国各地都有分行或者储蓄所。各银行和信用合作社的利率是一致的,你可以选择任意一个银行或信用合作社去存钱。除此之外,邮政局也开设有邮政储蓄业务,就是说你到邮政局也可以存款,利率也与上述银行和信用合作社一致。可供选择的储蓄方式有：①活期储蓄。它的特点是在任何时候都可以存钱和取钱，十分方便，但利率较低。②定期存款。它的特点是一次性存入一定数目的存款，存期满时再一次性取出。一般是3个月、6个月、1年、2年、3年或5年，存期越长，利率相对越高。第一次存款时必须带上自己的身份证，账户的名字要和身份证上一致，否则存折丢失就没有办法挂失。给自己的存折设一个密码，可以选择一个自己容易记往的密码，但不要太简单，如不要设123456或000000等。第二次存钱就不需要带身份证了，只要带上钱和存折就可以。

一定要妥善保管好自己的存折，记住账号和密码，不要随便告诉他人。

8. 怎样办理和使用银行储蓄卡？

现在，银行都有储蓄卡业务，它的功能和存折相似，不同的是取钱更方便，你可以拿着卡到银行存钱取钱，也可以在自动取款机取钱，不受银行上下班工作时间的限制。如果晚上需要钱，银行又关门了，你就可以拿着储蓄卡到自动取款机取钱。

在办理储蓄卡时，银行会给你一张密封的密码纸和一张关于ATM（自动取款机）的使用说明，打开密码纸，上面是该卡的原始密码。你可以马上到ATM上，按照使用说明更换密码，也可以在银行柜台要求更改密码，将其改为自己容易记的密码。使用储蓄卡可以在ATM或在柜台上取款。在ATM上取款时，参照ATM使用说明书并按照自动取款机上的提示，一步一步地操作，只是输入密码时要注意保密，取款后别忘记退出储蓄卡。

在银行办理存折的同时，你可以同时申办一张储蓄卡，这样,你的存折和储蓄卡就是同一个账户,从卡上取了钱,存折中钱的数目会减少;通过存折存进去了钱,那么卡上的钱也会变多。

一定要记住自己储蓄卡的密码,不要随便告诉他人。如果存折或储蓄卡丢失,必须带上身份证尽快去银行挂失。

9. 怎样在邮局寄取钱物?

在城市打工,免不了要经常和邮局打交道,如往家里寄钱、寄包裹、寄信,从邮局领钱、领包裹等。寄发和领取汇款、包裹的业务比较复杂,要按规定程序办理。

(1)寄发和领取汇款

第一,寄发汇款时,首先在邮局服务窗口领取一张汇款单,根据要求填写汇款单上的各项内容,包括收款人、收款人地址和邮政编码,寄款人、寄款人地址和邮政编码,邮寄钱数等。然后把汇款单和钱一起交给营业员,营业员核对无误后,予以办理。办理完之后,会交给你一张汇款收据,这张收据要妥善保存。如果2个月后,收款人还没有收到汇款,你可以凭这张收据到邮局查询。

注意:收款人和寄款人的姓名一定要和身份证上一模一样,否则不能取款。

第二,收取汇款时,首先在自己收到的汇款单背面指定的位置填写自己的姓名,一般称为"签名",带上身份证到邮局,交给营业员。取出汇款后,一定要当面核对汇款数额。如果收到汇款单后2个月没有取钱,那么邮局会把汇款退回。

(2)寄发和领取包裹

第一,邮寄包裹时,必须首先填写包裹单,正式的名称是"国内包裹详情单"。填写要求和汇款单的一样。注意:寄包裹人和收包裹人的姓名必须和身份证上的姓名一致。包裹的包装需要经邮局确认后才可以使用。包内的物品及其价值,必须在包裹单上填明,没有实价的可以自己估定。把包裹单和包裹一起交给营业员办理,办完后营业员也会返还一张邮寄包裹的收据,这个也要妥善保管,是以后查询的凭证。

第二,收取包裹时,在收到的包裹单背面指定的位置上填写自己的名字,必须和身份证上的名字一致。然后,带上身份证和包裹单,到指定的邮局领取包裹。

10. 在城市迷路了怎么办?

在大城市里,道路复杂,建筑物林立,对于刚进城的人来讲,难免有迷失方向走错路的时候。迷了路怎么办?下面介绍几种简单的方法。

第一种方法,是向路人询问。但是要注意,既然我们已经到了城市,必须懂得城市中的一些礼貌用语,如"请问"、"谢谢"、"打扰您一下"等等。询问时注意使用礼貌用语,让对方乐意帮助你。如果很粗鲁的问路,对方可能不会理你。还有一点需要注意的是,一定要尽量使用普通话问路,否则对方可能听不懂你的意思或听错,给你指错方向。

第二种方法,是向民警询问。询问时也要注意礼貌用语和讲普通话。

第三种方法,是打电话。如果你要去的地方有联系电话,可以先打电话问清路线该怎么走。

11. 城市生活中需要提防的骗局有哪些?

一旦你踏上离乡的路,步入打工生涯,不但要设法赚钱谋生,还要应付复杂的社会生活。城市人口众多,鱼龙混杂,作为一个人地两生的外地人,必须心存警惕,因为骗局可能就在你的身边。因此,防止受骗上当就成为打工生活中必不可少的一课。

骗术形形色色,各式各样。下面几种骗局是打工者必须多加注意的。

(1)**职业介绍骗局** 这种骗局主要有职介骗局和招聘骗局两种。

第一,职介骗局。有些人打着职业介绍所的幌子,花言巧语地说服打工者,许诺可为他们找到工资很高的工作,然后收取定金、介绍费和手续费。等到过几天打工者再来找他们时,他们已经携钱逃之夭夭了。受骗的人也没办法,只能埋怨自己命苦。而这些骗子是"打一枪换一个地方",受骗的人只知道对方长什么样子,而骗子用的姓名都是假的,根本没办法找。没有确实的证据,警察也没有办法。

第二,招聘骗局。刚进城的农民工找工作心切,于是有些人就利用这种心理,假装是某公司或某饭店等的招聘人员,进行诈骗。通常情况下他们会吹嘘自己的单位工作如何好,待遇如何高,但是他们招工都有一个条件,就是工作之前必须要交押金。打工者交了押金,心里想着好工作,可是最后竹篮打水一场空,工作没找到,还被人骗了钱。

这些骗局在前面已提过,这里不再详述,总之,防止这些骗局的方法是别去黑职介找工作。凡是交押金、扣押身份证的职介都是不合法的,要谨防陷入骗局。

(2)**"炸药包"骗局** 打工者很容易被骗子盯上,尤其是初次到城市的打工者。因为骗子很容易就看出你初来乍到,对什么都不熟悉,容易上当。"炸药包"骗局是这样的,当你正在行走或骑车时,会忽然发现地上有一枚金戒指或者其他装有"贵重"物品的包裹,你发现这个东西的时候,会有另外一个人走过来,说与你同时发现这东西,既然同时发现就都有份,但他会做出很大方的样子,说如果你给他多少钱这东西就归你了。通常情况下,他似乎很吃亏,例如,捡到金戒指,他会说你给我100元,这东西就归你。你听他这么一说觉得自己很合算,就给了他钱,当你拿到东西后,会发现那是假的,而骗子早已逃之夭夭了。

遇到这种情况,只要做到不贪财、不沾小便宜,就不会上当受骗。

(3)"碰瓷"骗局　"碰瓷"源于古代一个骗局,就是一个人拿着一件瓷器,撞了别人一下,瓷器掉到地上摔碎了,这个人就说这瓷器多珍贵,值多少钱,要人家赔。东西已经碎了,不赔也没有办法,就只好赔了。"碰瓷"就是这么来的。

在现实生活里往往是这样,假如你正在路上走,突然有人撞了你一下,而这个撞你的人可能怀里抱着什么"贵重"的东西,这一撞就把那个东西"撞坏"了,他就会说自己的东西如何珍贵,你必须赔,你若不赔,对方就威胁说要把你送到公安局等。还有的在车站上车或下车时,利用人员拥挤,他将脚伸到你的脚下,等你踩到他,他便装作伤得十分严重,再加上其同伙添油加醋用各种方法吓唬你。遇到这种事情,你人生地不熟,无依无靠,可能就害怕了,只能乖乖地给人家赔钱。

如果碰上了这种事情,不要怕,可以跟对方心平气和地说,或者一起到公安部门去,而且要敢于揭穿对方的骗局。

(4)中奖骗局　在火车上或长途汽车上,经常会有人喝饮料,如果突然听人说"你中奖了",这时,你会发现喝饮料的人有点呆傻,手中拿着的瓶盖上印了"5万元"或多少多少钱的奖,是他旁边的人发现了中奖,这会儿就会有人出来买"呆傻人"的中奖瓶盖,而"呆傻人"好像不以为然,他旁边的人很义气地替他讲价还价,其实这些人是"托儿",他们都是一伙的,他们通过演戏来骗别人的钱。最后就会有人不知他们在演戏骗人,自己出了几百元甚至上千元购买了这个中奖的瓶盖,等人家下车走了,或者当自己去兑奖时,才发现"发财梦"真是个梦,这个瓶盖是假的。

遇到这种骗局,自己要头脑清醒,天上不会无缘无故掉下馅饼来,不要轻易上当。

总的说来,骗子都是抓住了人们贪财、沾小便宜、胆小怕事的心理骗人的。所以,出门在外,一定要克服这几种心理,凡事三思而后行。

12. 怎样去求医治病?

人吃五谷杂粮,哪有不生病的。一旦生了病,就必须及时进行治疗。如果不及时医治,就有可能会引起更严重的疾病,发生意想不到的事。城市的医疗条件相对较好,在城市打工的人生病了就更应该及时求医治病。

在城市里看病,一定要去正规的医院,可以选择距离住处较近或者工作地点较近的医院。在医院看病的程序如下:

(1)挂号 进到医院,首先要挂号。医院的级别不同,挂号费就不同。挂号时,必须说明自己要看哪一科。例如,感冒咳嗽要看内科,皮肤红肿发痒等症状要看皮肤科,摔伤跌伤要看骨科,妇女病要看妇科等等。如果不知道自己应该看什么科,可以在挂号的时候问一下,说清楚自己哪里不舒服,挂号的护士会告诉你应该挂哪一科。

(2)就诊 挂完号后,拿好挂号单去自己应该看的那一科的诊室。记住自己挂号单上的序号,把挂号单交给大夫,等大夫叫到自己的号就进去看病。看病的时候要向大夫说明自己的病情,不要隐瞒,也不要夸大,否则会影响大夫的诊断。

(3) **检查** 如果需要特殊的检查,如验血等,大夫会开一个化验单,你需要拿着化验单先去交费,然后化验,拿到化验结果后再交给大夫继续看病。

(4) **交费** 看完病后,大夫会给开一个药方,也会交代清楚什么药怎么吃。然后,你要拿着药方去交费。

(5) **拿药** 交完费后,拿着药方去药房拿药。拿完药后,如果还不清楚怎么吃,可以回到诊室去问给自己看病的大夫。

到此,病就看完了。需要注意的是,拿到药后一定要按时吃药或者打针,听从医生的忠告。此外,在医院如果找不到自己要去的地方,现在医院都在大厅设导诊员或问事处,可以向他们询问,也可以问医院里穿白大褂的医生或护士,开口时都要称呼对方"大夫,请问……在哪里?怎么做?"等,表示礼貌。

13. 居民身份证丢了怎么办?

居民身份证是居民最常用的证件,到城市打工的人就更离不开它,到银行开户存钱、办理《暂住证》、《就业证》、领取邮寄包裹和汇款都需要居民身份证。如果居民身份证丢了,就会带来很大的不方便。因此,一定要保管好自己的身份证。假如居民身份证丢了,该怎么办呢?

按照公安部制定的身份证条例实施细则规定,居民在丢失身份证后,应该做下列几件事:

(1) **立即到公安机关报失** 一般需要到管辖你工作单位的派出所报失,然后打电话或写信到家里,请家人代为到家乡的乡镇派出所报失。

(2) **申请补办一个新的居民身份证** 办理新的身份证,需要带上户口簿和村委会开的证明。办理新的居民身份证的地点也是在家乡乡镇派出所。

由于新的身份证办理时间较长,一般是3个月,所以需要先在家乡乡镇派出所办理一个临时身份证,再邮寄回来,碰到检查等事情可以拿出来作为证明。拿到新的身份证后,交回临时身份证。

有些人在丢失了居民身份证之后,借用他人的居民身份证来办理一些事情,或应付有关部门甚至是公安机关的检查和管理。这是一种违法行为。一旦被发现,公安机关将按照《中华人民共和国治安处罚条例》,对违反规定者处以"五十元以下罚款或者警告"的处罚。有的时候,借用别人的身份证办理事务可能会造成一些不必要的麻烦。

还有一些人在丢了居民身份证之后,购买伪造的身份证,这是更严重的违法行为。一旦被发现,就要追究刑事责任,也就是我们平常所说的"坐牢"。

另外,我们也不能随便向他人出借居民身份证,否则别人拿着你的身份证去办一些违法的事情,而责任却会落到你的头上。必须清楚地认识到它的危害性。

14. 钱物丢失怎么办?

城市环境复杂,务工者来自四面八方,短时间内根本无法相互了解,况且务工者生活的环境状况不是太好,往往不能得到很好的安全保障。一旦遇到辛辛苦苦挣来的钱被人偷走该怎么办呢?

如果是在自己的宿舍或者租来的房子里丢失钱财,应该注意保护好现场,不可乱动东西,同时立刻到居住地的公安部门报案求助。公安人员调查期间,要积极配合,详细真实地提供情报,以求尽快破案。如果怀疑是某人偷的,也可以告诉公安人员,请他们调查核实,但自己千万不可私自去问,更不能找来老乡帮忙,质问对方,甚至殴打要挟对方。

如果是在商场被盗,应该首先寻找自己周围是否有可疑人员,如果有,就马上呼叫自己被偷,请周围群众或商场保安人员帮忙抓住这个人,并送到附近的公安机关。

如果在公共汽车上被盗,就向车上的售票员求助,如果在火车上被盗,就求助于车上的乘务员和乘警,他们会为你提供相应的帮助。

尽管被盗后,有各种措施补救,但有可能还是找不回来。因此,最好的办法是做好防盗。有钱不要放在住处或装在身上,要存到银行,且存折一定要设密码,这样小偷偷了存折也没办法取钱。出门买东西,要把钱装好看好,防止被盗。

如果被盗了,钱也找不回来了,也不要过于悲观,要吸取教训,努力工作,把丢的钱再挣回来。

15. 到达务工地之后水土不服怎么办?

务工地与家乡相比,气候、水质、饮食等条件都可能会有变化,一些人往往不习惯,会出现头昏无力、胃口不好、睡眠不佳等现象,这是水土不服的表现。引起水土不服的原因是人的机体对新的气候、地势、水质、食物等条件的一种失调反应。

水土不服以腹泻为最常见。如果遇到腹泻的情况,首先通过自我调节,比如停止食用不干净或变质的食物,使用消化剂,比如吃几片乳酶生来帮助消化;喝一些温热的粥或汤,加入少量的盐,并吃少量苹果起到收敛的作用。为了补充能量和水分,可以服用一些含葡萄糖的口服液;如果腹泻较严重,应到医院接受治疗,以便早日恢复健康。

人的适应能力是很强的,一般几天后各种水土不服的症状就会自动消失。

此外,在新的地方生活,应该注意保持良好的卫生习惯,按时休息,养成良好的生活规律,这样不仅可以帮助克服水土不服,同时也有利于每一位进城务工者的身体健康。需要指出的是对不同环境的适应也是选择务工地点时要考虑的重要因素。对于那些水土不服反应强烈或对特定环境过敏的人,则必须考虑务工地点的水土特点。比如,耐不了潮湿的人,就不要选择南方城市;对沙尘过敏的人就不要选择北方城市作为务工地点。

16. 如何防止和救治食物中毒?

(1)如何防止食物中毒　食物中毒,轻则造成经济和身体的损失,重则丧失性命,不可轻视。因此,要养成良好的卫生习惯,避免食物中毒的发生。

首先,不吃不干净的食物。打工的朋友由于条件所限,或者自以为身体强壮,平时大大咧咧,不注意饮食卫生。农村还有句俗话:"不干不净,吃了没病",其实这是一种错误的认识和习惯。很多食物的表面都有病菌和其他有害物质,仅仅用手擦是擦不掉的,更何况有时候手也不干净。还有,有些蔬菜和水果的表面含有大量的农药残留物,这些农药同样会导致食物中毒。因此,不要吃不干净的食物,吃水果、蔬菜之前一定要用清水洗干净,多洗几遍,能去皮的去皮后再吃。

其次,不要食用发霉变质的食物。因为天气炎热贮藏不当等原因,食物有时会发生霉变,尤其是在夏天。食物霉变会产生一种叫做真菌毒素的有毒物质,一旦吃了这种毒素,就会产生中毒症状,甚至会致人死亡。因此,发现有霉变长毛的食物,必须扔掉不吃,不要因为舍不得而导致中毒,反而要多花钱。

此外,有些食物如果没有熟透,也会引起食物中毒,如四季豆(豆角)、绿色的西红柿、长芽的土豆等。发现这些菜没有烧熟就不要吃,更不能生吃。

(2) 如何救治食物中毒 在城市打工的人,对于食物中毒并不感到陌生。因为打工生活中,很多都是集体用餐,有时因为某种原因会出现集体食物中毒事件。对于这种事,除了炊事人员做好饮食卫生工作之外,打工者自己也要具备一些防治食物中毒的知识。

食物中毒的特点是:来势凶猛,时间集中;出现和食物有关的症状,如餐后肚子疼等;不传染。由于食物中毒的原因往往很多,所以一旦发现食物中毒,可以采取如下几种紧急救治的方法。

第一,马上到医院诊治。不管是什么时间发生食物中毒,都要马上到医院诊治,即使是发生在晚上,医院也有急诊室进行救治。千万不要因为心疼钱,也不要觉得自己年轻,身体好,挺一挺就没事了。尤其是发生集体中毒事件时,如同住的几个人都有肚子疼、头昏眼花等症状,就更不能马虎。

第二,自己催吐。自己采取某种方法,如把手指尽量深的插入自己的喉咙,刺激喉咙,引起呕吐,把吃进去的食物都吐出来。不要以为呕吐出食物就万事大吉了,呕吐完之后,要收集呕吐的食物,尽快到医院去检查,通过化验找出中毒的原因,对症治疗,彻底除掉身体内的毒素。

第三,妥善处理可疑食物。对怀疑有毒的食物,一定不要再次食用。

第四,防止脱水。发觉食物中毒之后,要多喝淡盐水或姜糖水、稀米汤等,防止脱水。

17. 如何防止和救治煤气中毒?

(1) 如何防止煤气中毒 煤气中毒的危害很大,而且很难自救。因此,预防是关键。预防方法概括为以下四点。

一是尽量不使用煤火炉采暖,如果使用,炉子上必须安装烟筒,保证排烟状况良好,并且每天临睡前检查,注意经常通风。

二是经常擦拭天然气或者煤气灶具,定期检查天然气或煤气管道,看是否有泄漏。

三是灶具及取暖设备一定要使用煤气或天然气专用橡胶软管,不能用尼龙、乙烯管或破旧管子代替,每半年检查更换一次橡胶管道。

四是在厨房安装排气扇或抽油烟机。

(2) 煤气中毒如何救治 煤气中毒指的是一氧化碳中毒,病人一般感觉为头痛、头昏、恶心、呕吐、软弱无力等。发生煤气中毒时,有极少数人能够打开门自己走出户外,而绝大多数人则会很快进入昏迷状况,如果救治不及时,会很快停止呼吸而死亡。

发现有人煤气中毒时,可以采取如下几种措施。

一是开门、开窗,通风换气。

二是拨打急救电话,等待医生的到来。但是要注意,如果是液化气或天然气中毒,千万不要在有煤气的屋子内打电话,以防引起爆炸。

三是立即解开中毒者的衣扣,并将其转移到通风良好、空气新鲜的地方。注意保暖,清除中毒者口鼻分泌物。

四是如果发现中毒者已停止呼吸,应该立即进行口对口人工呼吸,并且做心脏按摩。

五是查找煤气泄漏的原因,排除隐患。

18. 发生火灾怎么办?

在城市打工,居住和工作地区比较复杂,难免发生火灾。因此,也应该懂得一些火灾急救常识。

(1)报火警 有电话的,首先拨打119火警急救电话,告诉消防队着火的详细地点。在等待救援的时候,可以采取一些临时自救措施。

(2)快脱险 在火势越来越大,不能马上扑灭的情况下,应该尽快设法脱险。如果门窗、通道、楼梯已经被烟火封住,可以向头部、身上浇一些冷水,或者用湿毛巾、湿被单把头包好,用湿棉被、湿毯子把身体裹好,再从火里冲出去。如果浓烟太大,呛得透不过气来,可以用湿口罩或者湿毛巾捂住口鼻,身体尽量贴着地面前进,或者爬行,因为浓烟一般都在上面漂浮着,接近地面的地区烟较少。

如果是楼房着火,而且楼梯已经被烧断,应该保持镇静,想办法向别的安全地方转移。可以根据当时情况采取以下几种方法脱离危险。

第一,住在较低楼层的,可以利用结实的绳索拴在牢固的窗框或者床架上,然后沿绳索慢慢爬下去;如果找不到绳索,可以用被罩、床单或者结实的窗帘布、衣服等撕成条,拧成绳来用;如果没有绳索,也来不及拧绳索,可以往楼下扔一些被褥做垫子,然后攀着窗口或阳台往下跳,这样可以缩短距离,更好地保证人身安全。

第二,住在高楼层的(三层以上),千万不要急于跳楼逃生,因为这样做太危险。要躲到比较安全的房间,如卫生间,将房间的门用湿棉被堵严,以防烟火进入。或者转移到邻居的阳台上,耐心等待消防人员救援。

19. 全家外出务工,孩子的教育怎么办?

对父母同时进城务工的家庭来说,让孩子受教育的方式不外乎以下两种。

一是继续在农村接受教育。由于务工者初到城市,对城市的生活还没适应,或者从事的工作不便于照顾孩子,或者是因为教育花费太高等种种原因,进城务工者不能将孩子带在自己身边,而是让孩子留在家乡,在农村学校接受教育。进城务工者可以通过书信、电话等方式关心、督促、检查孩子的学习情况。

二是随父母到务工地接受教育。把孩子带在自己的身边,这种教育方式要比第一种效果更好。来到城市里,应该让孩子到正规的学校接受教育。可以就读的学校主要有三种。

第一种是务工者自办的简易学校。这种学校是进城务工者为解决孩子的教育问题自己开办的学校,主要以小学为主,设施较为简陋,教学质量不高。《国务院办公厅关于做好农民进城务工就业管理和服务工作的通知》(国办发[2003]1号)中指出,"要加强对社会力量兴办的农民工子女简易学校的扶持,将其纳入当地教育发展规划和体系,统一管理。简易学校的办学标准和审批办法可适当放宽,但应消除卫生、安全等隐患,教师要取得相应任职资格。教育部门对简易学校要在师资力量、教学等方面给予积极指导,帮助完善办学条件,逐步规范办学,不得采取简单的关停办法,造成农民工子女失学。"所以现在各个地方对这类学校的态度应该是支持的,这类学校的状况会逐渐好起来。

第二种是城市全日制公办的学校。在这类学校里就读花费较高,因为外地子女在城市公办学校里借读,可能需要交纳一定数量的"借读费"或"补偿金"或"赞助费"等,但这类学校的教学条件和教学质量比务工者自己办的学校要好得多。不过在《国务院办公厅关于做好农民进城务工就业管理和服务工作的通知》(国办发[2003]1号)中也指出,"要保障农民工子女接受义务教育的权利。流入地政府应采取多种形式,接收农民工子女在当地的全日制公办中小学入学,在入学条件等方面与当地学生一视同仁,不得违反国家规定乱收费,对家庭经济困难的学生要酌情减免费用。"再加上现在全国各地都在清理教育乱收费问题,所以,进入全日制公办学校的额外费用会降下来或者被取消。

第三种是私立学校。这种学校办学条件比较正规,教学设备也比较齐全,教师配备也符合国家规定,教材也按国家统一规定使用,但是收费很高。如果进城务工者有一定的经济实力,能够承受学生的费用,可以考虑让孩子到这类学校接受教育。

总之,不论采取以上哪一种方式,都应该让孩子接受正规的教育,不可以让孩子失学、辍学,耽误了他们的健康成长。

20、怎样安排自己的业余生活?

在城里,有些人在务工之余,就聚在一起闲聊闲逛,或到录像放映厅看乱七八糟的录像,甚至聚众赌博。这样的业余生活,对务工者一点好处都没有。那么,务工之余应该干点什么呢?

(1)继续学习 如果你想在城镇里站稳脚跟,能把握自己的命运,就得通过不断的学习,提高自己的知识水平,掌握更多的技能。

(2) 交朋友 "在家靠父母,出门靠朋友"。一个人在外,还要注意交朋友,周围的同事、邻居、房东等,所有帮助过自己的人,自己也要主动帮助他们,体谅他们的难处,做一些自己力所能及的事。还可以跟朋友多交流工作的经验和体会,互相学习,共同进步。

(3) 避开不健康的业余生活

①黄赌毒。赌博的人十有八九都输,而且输得一干二净,甚至家破人亡。赌台好上不好下,千万不要靠近它。黄色书刊、黄色录像、黄色娱乐场所等,都是我们国家法律明令禁止的,一旦违反,就要负法律责任。也要远离毒品,任何形式的买卖毒品和吸毒都是犯罪行为。毒品会毁掉人的一生,在任何情况下都不要靠近它。

②睡懒觉。务工辛苦,有的人工作很累,所以业余时间就拼命地睡觉,什么事情都懒得想,这也是不对的。业余时间休息是应该的,但睡懒觉容易消磨人的意志和进取心,还对身体有害,因此也应该戒除。

③不与外界交往。有的务工者只与老乡或者小圈子的几个人交往,不愿意结交更多的人,这不利于自身的发展。因为这样会阻碍你扩大视野、增长见识,会限制你的思路,影响你的前途,也会减少生活的乐趣。所以应该敞开心怀,去接触来自五湖四海的朋友。

④拉帮结派。在城镇务工,老乡来往较多,但是如果为了狭隘的利益拉帮结派,这样会给公司、工厂的管理带来麻烦,也容易引发打架闹事,危害社会治安。所以,不要拉帮结派,要学会和每个人和睦相处。

21. 女性该如何保护自身的安全？

身为女性，在外地打工，会遇到很多与男性不同的问题，也很容易受到人身伤害。所以，在外打工的女性要特别注意保护自身的安全，对此，我们有以下几条建议。

第一，在进城打工之前，了解有关自我保护的法律知识。例如，什么行为是违法行为，受到不法侵害后该怎么办；应当通过什么手段来保护自己的合法权益；了解《中华人民共和国妇女权益保障法》中有关的知识，了解《婚姻法》的有关知识；了解一般的劳动法知识，以维护自己在生活、婚恋、劳动中的各项权利。

第二，来到某个城市打工，首先应该拿着自己的身份证或其他身份证明，到当地的居委会或者派出所办理暂住证，然后找一个熟悉当地生活的人作指导，了解当地生活的一些基本风俗习惯和生活常识。

第三，不要轻易相信他人，尤其是要警惕那些花言巧语、要帮你介绍一个待遇特别好的工作的人。如果一旦发觉上当，应迅速找警察，拨打"110"求助。此外，还要注意，现在有一些骗子假冒"治安队"或其他"国家工作人员"的名义，提出一些要求，这个时候要注意他们是否有证件或证明，没有的就不要听从他们的要求。

第四，要经常与家人或朋友保持联系，让他们知道自己的情况和去向，万一有什么事情发生，也可以及时得到帮助。此外，"打工妹"的家人，也应该主动与她们联系，要求按时向家里汇报情况，一旦出现中断联系的情况，应该主动到她的工作单位或者居住地打听情况，以免遭遇不测。

22. 如何处理打工挣钱和学习技能的关系？

农民外出打工有一个从"挣钱填肚子"到"攒钱盖房子"再到"集资办厂子"的发展过程。这个发展过程也是对技能学习从不重视到比较重视，进而非常重视的发展过程。从打工挣钱和学习技能的关系来看，主要有四种情况。

(1) 利用打工之余学得一技之长 例如，有些姑娘在宾馆当服务员，利用节假日和晚上参加培训班学会了美容美发；有些小伙子白天在建筑工地干活，晚上学会了电脑打字。应该指出的是，有些青年还没有把学习技能与回乡创业紧密联系起来，他们只是觉得在业余时间，与其打牌、搓麻、下棋或东游西逛虚度年华，不如趁年轻好好学些东西，这当然好，但是学习的目的性还不是很强，打工内容与学习内容不一致，有时很累，有时还会发生冲突，以致互相影响。

(2) 在打工的过程中干什么就学习什么 有些人从农村出来，基本上没有从事工业生产和商业经营的知识。出来打工后，边干边学，不久也成了内行。例如有些青年农民离家之前没有做过生意，出来打工后，受聘于商业公司当推销员，初次上阵，不知从哪儿入手，但干上一年半载，不仅推销业绩很好，而且掌握了许多推销技巧和商品知识。有些青年出来参加施工队，一开始只会抢镐头和搬砖头，但由于在干的过程中留心学、专心学，向老师傅学，向一切有技术、有知识的人学，把干活、学技术和学习书本知识结合起来，进步很快，由"小工"变成"大工"，有的还学会了工程设计和施工、安装的全套知识，当上了工程师。这种方式，由于干与学的紧密结合，收到了事半功倍之效。

(3) 家乡经济发展需要什么就学什么 有许多人在外出

打工中始终念念不忘自己的家乡,并且熟悉家乡的环境、资源和经济发展现状,在打工的过程中,总是有意识地去学一些发展家乡经济所需要的知识和技能。例如,盛产干鲜果品的山区青年热心到食品厂打工,学习果品加工知识;牧区来的打工者则喜欢到现代化养殖场工作,同时学习现代养殖技术等等。这种方式已经把打工学艺和回乡创业联系在一起,大多收到了比较好的效果,这些年轻人在外干几年之后,回到家乡大部分是当地乡镇企业的领导或技术骨干。

(4)把打工赚钱变为打工学艺　　地方政府有组织、有目标地组织劳务输出,把"赚钱型"打工变为"学艺型"打工。这种方式,不仅把外出打工和回乡创业紧密联系起来,而且把回乡创业放在了第一位。为创业,才去学艺,为学艺,才去打工,而且由当地劳务部门有领导、有组织地统筹安排。

不管属于哪种情况,都要根据自己的兴趣、爱好和自身的素质、志向,选择一门或几门技术学会学精,为自己将来的发展打下良好的基础。

四、进城后的权益维护

进城后,虽然找到了工作,但是作为弱势群体的农民工经常在报酬、工作时间、工作环境、工伤等方面受到不公正的待遇,农民工应该享有哪些权利,怎样维护自己的合法权益成为农民工朋友必须熟知的问题。

1.《劳动法》规定务工者享有哪些权利和义务?

为了保护劳动者的合法权益,调整劳动关系,建立和维护适应社会主义市场经济的劳动制度,促进经济发展和社会进步,《劳动法》规定在中华人民共和国境内的企业、个体经济组织和与之形成劳动关系的劳动者享有平等就业和选择职业的权利,取得劳动报酬的权利,休息休假的权利,获得劳动安全卫生保护的权利,接受职业技能培训的权利,享受社会保险和福利的权利,提请劳动争议处理的权利,法律规定的其他劳动权利。

在享有权利的同时,劳动者也要承担完成劳动任务、提高职业技能、执行劳动安全卫生规程、遵守劳动纪律和职业道德的义务。

2. 进城务工者哪些权益容易受到侵犯?

我国的改革仍然处在进行阶段,各项法律法规的贯彻执行力度还不能完全和彻底,诚实守信的市场道德也还没有在市民心中树立起来,这就不可避免地会出现各种各样的侵犯就业者合法权益的现象。从近几年的侵权案件来看,进城务工者经常受到以下几种侵犯。

(1)侵犯人身权益 在外企、规模较小的民营企业,老板和主管体罚、侮辱务工者人格的现象时有发生。

(2)工作场所的劳动卫生条件不合格 一些私营企业设备极其简陋,而且为了省钱,不为务工者配备必要的劳保用品和劳保设施。

(3)女工和未成年工得不到特殊劳动保护 根据《劳动法》的规定,女工和未成年工应该受到特殊的劳动保护。但在实际工作中很难做到,该休息的不让休息,该进行健康检查的,用人单位也没有不给安排,甚至有时还让女工和未成年工从事法律明令禁止的工作。

(4)逃避事故责任 务工者患职业病及因工受伤、致残、甚至死亡后,用人单位利用进城务工者对法律的无知,不报或者瞒报,以逃避责任。

(5)强行延长劳动时间 有的用人单位长期要求进城就业者加班加点,这一点在建筑业极为突出,工人连续高强度的体力劳作对健康造成了极大的损害。

(6)加班却不付给延长工作时间的工资报酬 按照《劳动法》的规定,加班必须给付更多的报酬,以补偿劳动者牺牲休息时间的代价,但很多用人单位都是要求职工无偿加班的。

(7)克扣或无故拖欠工资 这曾一度是进城务工农民遇到的最大的问题。2004年以来,随着政府对农民工工资清欠力度的加大,拖欠工资的问题得到了有效的解决,但仍有个别单位无视国家规定,拖欠工程款损害农民工的利益。

(8)用人单位制定苛刻的规章制度与国家法律相抵触 如工时标准高于国家规定、随意开除工人和罚款、无视务工者的人格权利等等。

3. 务工者如何维护自己的权益?

当自己的正当权益受到侵害以后,务工者应该谋求合法合理的方式来解决。可以采取的办法有以下几种。

(1)向工会求助 工会是劳动者的自愿组织,是群众监督和社会监督的重要组成部分,对于促进企业保护劳动者的合法权益有重要作用。务工者向工会求助,可以改善自己的弱势地位,形成与企业主事实上的平等主体,有利于满足自己的合理要求。

(2)向劳动保障行政部门举报投诉 劳动保障部门一般隶属于当地的劳动和社会保障局,有权监督检查用人单位遵守劳动保障法律法规的情况,当务工者的合法权益受到侵害后,向当地的劳动保障行政部门投诉,一般都能得到妥善的解决。本书附录部分附有各省、直辖市、自治区劳动保障监察部门的监督举报电话。

(3)向法院提起诉讼 当用人单位存在明显的违法行为或者严重侵害务工者权益的行为时,务工者也可以选择按照规定的程序向法院提起诉讼,用法律的武器捍卫自己的权益。

4. 什么是劳动合同?

劳动合同是劳动者与用人单位确立劳动关系,明确双方权利和义务的协议。建立劳动关系应当订立劳动合同。订立和变更劳动合同,应当遵循平等自愿、协商一致的原则,不得违反法律、行政法规的规定。劳动合同依法订立即具有法律约束力,当事人必须履行劳动合同规定的义务。

根据《中华人民共和国劳动法》的规定,劳动合同必须具备以下几方面的条款:①劳动合同期限;②工作内容;③劳动保护和劳动条件;④劳动报酬;⑤劳动纪律;⑥劳动合同的终止条件;⑦违反劳动合同的责任。

5. 什么是劳务合同？与劳动合同有什么区别？

劳务合同是平等主体的公民之间、法人之间、公民与法人之间,以提供劳务为内容而签订的协议。劳动合同与劳务合同的区别经常被人们所忽略,很多人都会不假思索地认为劳动合同就是劳务合同,一些非法用人单位经常利用人们对于法律的不了解,用劳务合同来代替劳动合同,借以在发生相关责任事故时逃避法律所规定的应对务工者承担的义务。

劳动合同和劳务合同有以下四个方面的区别。

首先,二者的法律性质不同。劳动合同是确立劳动关系的依据,属于劳动法的范畴;劳务合同是建立民事、经济法律关系的依据,属于民法、经济法的范畴。

其次,对合同主体要求不同。劳动合同的主体一方是劳动者,另一方是用人单位;劳务合同的主体既可以都是公民,也可以都是法人,或者是公民与法人,劳务合同对主体没有特殊要求。

第三,合同主体的地位不同。劳动合同签订后,劳动者便隶属于用人单位,用人单位管理使用劳动者同时对劳动者承担义务;劳务合同签订后,主体双方仍然是平等的,不存在隶属关系。

第四,合同主体承担责任不同。签订劳动合同的用人单位必须按照规定为本单位的劳动者参加社会保险、提供劳保用品、给予其工伤待遇,而签订劳务合同的用人单位不需要承担这些责任。签订劳动合同的用人单位违约后承担行政责任、民事责任和刑事责任,签订劳务合同的用人单位违约后只承担民事责任。

进城务工的农民朋友一定要注意,警惕用人单位的欺骗诱导,与用人单位要签订劳动合同,拒绝签订劳务合同。

6. 为什么一定要签订劳动合同?

很多进城务工者对劳动合同不够重视,觉得那张纸有没有都无所谓,签订劳动合同不仅用人单位不愿意,自己也觉得麻烦,这种想法是完全错误的。首先这是我国法律的强制要求。《中华人民共和国劳动法》明确规定建立劳动关系应当订立劳动合同。一名劳动者从到用人单位开始务工之日起,就和用人单位形成了劳动关系。因此,不管是用人单位还是劳动者,不订立劳动合同都属于违法行为。其次,签订劳动合同有利于务工者维护自己的合法权益。劳动合同记载着用人单位和劳动者各自的权利和义务,特别是给劳动者缴纳社会保险费、提供劳动保护、有关福利待遇等等。订立劳动合同是对双方当事人的保护和约束,也是处理劳动争议的有利证据;不签订劳动合同,日后不出现问题还好,一旦出现纠纷,解决起来非常麻烦,尤其是对于处在弱势地位的劳动者非常不利。此外,签订劳动合同后,劳动者便与用人单位形成了正式的法律意义上的劳动关系,用人单位便要承担对于劳动者的诸多义务,包括给予工伤保险待遇、对劳动者进行培训等,务工者可以利用参加培训的机会,提高个人素质,学习技能,为自己以后的工作和获取更高报酬打下良好基础。

7. 签订劳动合同时应该注意什么?

劳动合同是用人单位与劳动者确立劳动关系和日后解决劳动争议的基本依据。因此,进城务工的农民朋友签订劳动合同一定要慎重,应注意以下几方面。

(1) **要遵循平等、自愿、协商一致的原则** 平等是指签订劳动合同的双方法律地位平等;自愿是指签订劳动合同要自己本人愿意,任何人不得采取强迫、欺诈、威胁等手段签订劳动合同;协商一致是指劳动合同所载明的条款必须是用人单位和劳动者双方达成的一致意见。

(2) **要符合国家相关法律、法规的规定** 签订劳动合同时不得侵犯我国宪法规定的公民享有的基本权利,比如不尊重个人隐私权和规定女职工在工作期间不得生育等;也不得规定生病工伤自理、显失公平等违反劳动法及其他各项法律法规的内容。

(3) **要以合法的形式订立** 劳动合同应当以书面形式签订,以口头商定或者保证等形式订立的劳动合同在法律上无效,即使签订了,也无法起到保护劳动者合法权益的目的。

(4) **要具备应有的内容** 这既是相关法律的明确规定,同时也是在出现劳动纠纷时保护自己合法权益的有利证据。《劳动法》规定劳动合同应具备以下条款:劳动合同的期限、工作内容、劳动保护和劳动条件、劳动报酬、劳动纪律、劳动合同终止的条件以及违反劳动合同的责任等。

(5) **要结合实际,因事而异** 要求劳动合同必须符合法律规定,并不是要求千篇一律地照抄法律条文,而是要结合实际情况,"量身订做"适合自己的劳动合同,只有这样才能真正起到签订劳动合同的目的。

(6) **字句要准确、清楚、明白、易懂** 劳动合同中载明了双方当事人的权利和义务,表达要通俗易懂,不能用缩写、替代或含糊的文字表达,以免日后发生争议。

8. 怎样识别和避免签订无效劳动合同？

违反法律、行政法规的劳动合同以及采取欺诈、威胁等手段订立的劳动合同属无效的劳动合同。无效的劳动合同，从订立的时候起，就没有法律约束力。劳动合同的无效由劳动争议仲裁委员会或者人民法院确认。

无效合同有很多种，根据权威部门的专项调查，发现常见的无效劳动合同主要有以下几种。

(1) 形式不合法 只是在口头上约定工作报酬、工作时间和权利义务，并不签订书面的合同文件，这在一些规模较小的私营企业中大量存在。

(2) 主体资格不合法 签订劳动合同的劳动者有些不满16周岁，有些用人单位也不符合国家规定的条件，达不到对于劳动合同主体资格的要求。

(3) 内容违法 很多用人单位在录用务工者时，强迫其在劳动合同中注明缴纳保证金、生病和伤残自理等内容，这些都明显不符合国家的法律规定。

(4) 显失公平 签订劳动合同时，一些用人单位利用劳动者急于找工作的心理，强迫劳动者接受一些不合理条款，形成利益向用人单位"一边倒"。

(5) 抵押合同 一些用人单位在招用务工者时，为了限制务工者跳槽，在签订劳动合同的同时，将身份证、现金或其他贵重物品扣留做抵押，规定务工者若违反用人单位意愿，其抵押物就将无法要回。

以上的几种合同要么严重侵害了劳动者的合法权益，要么就是因没有效力而无实际意义，属于典型的无效合同。务工者就要多了解一些法律知识，明确自己和用人单位双方的权利和义务,同时也要熟悉《劳动法》中关于主体形式等方面的各项规定,知道哪些行为不合法,以避免签订无效劳动合同。

9. 哪些情形用人单位可以解除劳动合同?

为了保障用人单位用工自主权,根据《劳动法》规定,以下几种情况用人单位可以单方面解除劳动合同。

劳动者有下列情形之一的,用人单位可以立即解除劳动合同:①在试用期间被证明不符合录用条件的;②严重违反劳动纪律或者用人单位规章制度的;③严重失职、营私舞弊,对用人单位利益造成重大损害的;④被依法追究刑事责任的。

有下列情形之一的,用人单位提前30日以书面形式通知劳动者本人后可以解除劳动合同:①劳动者患病或非因工负伤,医疗期满后,不能从事原工作、也不能从事由用人单位另行安排的工作的;②劳动者不能胜任工作,经过培训或者调整工作岗位,仍不能胜任工作的;③劳动合同签订时所依据的客观情况发生重大变化,致使原劳动合同无法履行,经当事人协商不能就变更劳动合同达成协议的。

此外,用人单位濒临破产进行法定整顿期间或者生产经营情况发生严重困难,确需裁减人员的,应当提前30日向工会或者全体职工说明情况,听取工会或者职工的意见,经向劳动保障行政部门报告后,可以裁减人员。但是劳动者有下列情形之一的,用人单位不得以任何理由对其解除劳动合同:①患职业病或者因工负伤并被确认丧失或者部分丧失劳动能力的;②患病或者负伤,在规定的医疗期内的;③女职工在孕期、产期、哺乳期内的;④法律、行政法规规定的其他情形。

10. 哪些情形务工者可以解除劳动合同？

务工者如果不愿意在用人单位继续工作,想要解除劳动合同的,应当提前30天以书面形式通知用人单位。但是,在下列情况下,务工者只要提前通知用人单位,就可以随时解除劳动合同：①在试用期内劳动者与用人单位的劳动关系还没有确定时；②用人单位以暴力、威胁或者非法限制人身自由的手段强迫劳动者劳动的；③用人单位没有按照劳动合同约定支付劳动报酬或者提供劳动条件的。

11. 什么是最低工资和最低工资标准？

(1) 最低工资 是指劳动者在法定工作时间内提供了正常劳动的前提下,其所在的用人单位应支付的最低劳动报酬。它不包括延长工作时间支付的报酬,也不包括特殊工作环境下的津贴和企业按照国家规定给予劳动者的各种福利待遇。

(2) 最低工资标准 是由所在地劳动保障部门、工会、用人单位三方代表按照民主协商一致的原则,根据本地区劳动者的平均工资水平、物价水平、劳动者本人及平均赡养人口的最低生活费用、就业水平、劳动生产率、用人单位的承受能力等因素综合确定劳动者的最低工资。各地最低工资标准每两年调整一次。

最低工资标准适合我国境内所有的企业。我国《劳动法》第五章明确规定,国家实行最低工资保障制度,用人单位支付劳动者的工资不得低于当地最低工资标准。

12. 关于工作时间国家有什么规定？

根据《劳动法》和《国务院关于职工工作时间的规定》的规

定,我国目前实行劳动者每日工作 8 小时、每周工作 40 小时这一标准工时制度。有条件的企业应实行标准工时制度。有些企业因工作性质和生产特点不能实行标准工时制度,应保证劳动者每天工作不超过 8 小时、每周工作不超过 40 小时、每周至少休息 1 天。

用人单位在元旦、春节、国际劳动节、国庆节等节日和法律法规规定的其他休假节日期间,应当依法安排劳动者休假。用人单位由于生产经营需要,经与工会和劳动者协商后可以延长工作时间,但延长的工作时间一般每日不得超过 1 小时;因特殊原因需要延长工作时间的,在保障劳动者身体健康的条件下延长工作时间每日不得超过 3 小时,但是每月不得超过 36 小时。

13. 支付多少加班工资才是合理的?

务工者在正常工作时间之外加班加点,是牺牲了自己的一部分休息时间。因此,按照国家规定应该获得更高的工资报酬作为补偿。

《中华人民共和国劳动法》第四章第四十四条明确规定:安排劳动者延长工作时间的,支付不低于工资的 150% 的工资报酬;休息日安排劳动者工作又不能安排补休的,支付不低于工资的 200% 的工资报酬;法定休假日安排劳动者工作的,支付不低于工资的 300% 的工资报酬。

14. 用人单位克扣或者无故拖欠工资怎么办?

克扣工资是指用人单位无正当理由扣减劳动者应得工资。除了用人单位根据国家的法律法规、依法签订的劳动合同和厂规、厂纪中的明确规定扣除工资外,其他扣减劳动者工资的行为都属于无正当理由。

无故拖欠工资,是指用人单位无正当理由超过规定的付薪时间还未支付给劳动者工资。法律法规对于正当理由的界定也是有明确规定的,不是说用人单位随便找个借口,就可以堂而皇之地拖欠工资了。用人单位遇到不可抗拒的自然灾害、战争等原因,无法按时支付工资的不属于无故拖欠,其他情况下拖欠工资,均属无故拖欠。

虽然我国政府高度重视,多次强调要依法严厉查处恶意拖欠、克扣农民工工资的违法行为,保障农民工的合法权益,但恶意拖欠农民工工资造成纠纷的事件仍然接连不断,成为一个比较严重的社会问题。对此,务工者应该提高自己的法律意识,积极谋求通过正当途径解决。首先应该与用人单位的负责人交涉,催促其发放工资,如果还不能解决,可以向劳动保障部门申请争议仲裁,甚至对相关责任人提起诉讼。

15. 什么是劳动争议?

劳动争议是指形成劳动关系的用人单位与劳动者之间因报酬、工作时间、劳动保护等各项权利和义务而发生的分歧和争议。需要明确的是,这种争议的双方必须是用人单位和劳动者,如果是发生在个人之间或者工会与劳动者之间,就不是劳动争议。同时,只有因以下事项而发生的争议,才构成劳动争议:①因企业开除、辞退职工和职工辞职、自动离职发生的争议;②因执行国家有关工资、保险、福利、培训、劳动保护的规定发生的争议;③因履行劳动合同发生的争议;④法律、法规规定应当依照《企业劳动争议处理条例》处理的其他劳动争议。

16. 如何解决劳动争议?

根据我国的《企业劳动争议处理条例》第六条的规定,解决劳动争议的办法主要有四种。

(1) 与用人单位协商解决　这是最基本的做法,就业者可以直接跟用人单位负责人说明情况,提出合理的解决要求。

(2) 协商未能解决的,可以向劳动争议调解委员会申请调解　这有一定的时效限制,即应该从就业者知道或者应当知道自己的权益被侵害之日起 30 天内,以口头或书面形式提出申请。

(3) 调节未能解决的,可以向劳动争议仲裁委员会申请仲裁　仲裁委员会的办事机构一般设在当地劳动局。仲裁委员会对劳动争议先进行调解,调解达成协议的,制作调解书。调解书送达当事人手中之后,就开始具有法律效力。对裁决没有异议的,不管是用人单位还是劳动者都必须严格履行。

(4) 仲裁未能解决的,向法院提起诉讼　当事人对仲裁裁决不服的,可以自收到仲裁裁决书之日起 15 日内向人民法院提起诉讼。一方当事人在法定期限内不起诉又不履行仲裁裁决的,另一方当事人可以申请人民法院强制执行。

17. 申请劳动仲裁有哪些条件?

劳动争议发生后,当事人可以向本单位劳动争议调解委员会申请调解,调解不成,当事人一方要求仲裁的,可以向劳动争议仲裁委员会申请仲裁。但是并非所有申请仲裁的劳动争议都能在仲裁委员会得到解决,根据我国的相关规定,申请劳动仲裁必须满足以下几项基本条件:①申诉人必须是与申请仲裁的劳动争议有直接利害关系的劳动者;②申请仲裁的争议必须是劳动争议,仲裁委员会不受理民事、经济纠纷和其他纠纷;③申请仲裁的劳动争议必须属于该仲裁委员会的受理范围;④该仲裁委员会对申请仲裁的劳动争议有管辖权;⑤有明确的被诉人和具体的仲裁请求及依据；⑥申请劳动仲裁必须在法律规定的时效内；⑦劳动仲裁申请书及相关材料齐备。

18. 劳动仲裁的程序有哪些？

仲裁庭应当于开庭的4日前将开庭时间、地点的书面通知送达当事人。当事人接到书面通知，无正当理由拒不到庭或者未经仲裁庭同意中途退庭的，对申诉人按照撤诉处理，对被诉人可以缺席裁决。

劳动仲裁的程序如下：

第一，仲裁庭处理劳动争议应当先行调解，在查明事实的基础上促使当事人双方自愿达成协议。协议内容不得违反法律、法规。

第二，调解达成协议的，仲裁庭应当根据协议内容制作调解书，调解书自送达之日起具有法律效力。调解未达成协议或者调解书送达前当事人反悔的，仲裁庭应当及时裁决。

第三，仲裁庭裁决劳动争议案件，实行少数服从多数的原则。不同意见必须如实笔录。仲裁庭做出裁决后，应当制作裁决书，送达双方当事人。

第四，当事人对仲裁裁决不服的，自收到裁决书之日起15日内，可以向人民法院起诉；期满不起诉的，裁决书即发生法律效力。

第五，当事人对发生法律效力的调解书和裁决书，应当依照规定的期限履行。一方当事人逾期不履行的，另一方当事人可以申请人民法院强制执行。

19. 如何申请法律援助？

务工者的合法权益受到侵害，自己不懂相关知识，又没有经济能力请律师的,还可以申请国家的法律援助。从2003年9月1日起实施的《法律援助条例》规定,经济困难的公民可以无偿获得法律咨询、代理等法律服务,只要符合当地的经济困难标准就可以申请法律援助。

可以申请法律援助的事项包括:依法请求国家赔偿;请求给予社会保险待遇或者最低生活保障待遇;请求发给抚恤金、救济金;请求给付赡养费、抚养费、抚育费;请求支付劳动报酬;主张因见义勇为行为产生的民事权益等。公民对以上事项因经济困难没有委托代理人的,可以向法律援助机构申请法律援助。

务工者申请法律援助,应当向审理案件的人民法院所在地的法律援助机构提出申请,申请人为无民事行为能力人或者限制民事行为能力人的,由其法定代理人代为提出申请。在申请之前准备好身份证或者其他有效身份证明、经济困难证明,以及与所申请法律援助事项有关的案件材料。这些法律援助机构主要包括:①请求国家赔偿的,向赔偿义务机关所在地的法律援助机构提出申请;②请求给予社会保险待遇、最低生活保障待遇或者请求发给抚恤金、救济金的,向提供社会保险待遇、最低生活保障待遇或者发给抚恤金、救济金的义务机关所在地的法律援助机构提出申请;③请求给付赡养费、抚养费、抚育费的,向给付赡养费、抚养费、抚育费的义务人住所地的法律援助机构提出申请;④请求支付劳动报酬的,向支付劳动报酬的义务人住所地的法律援助机构提出申请;⑤主张因见义勇为行为产生的民事权益的,向被请求人住所地的法律援助机构提出申请。

五、务工者的劳动保护

1. 什么是劳动保护？

为了保护劳动者在劳动生产过程中的安全和健康,根据国家相关的法律法规,依据适当有效的管理和现代科学技术,在防止伤亡事故、预防职业病、加强对特殊群体的保护力度等方面所采取的各种管理措施和技术措施,统称为劳动保护。其目的是消除生产活动中的有害条件与行为,保障劳动者的生命安全与身体健康。

劳动保护的具体内容主要包括:劳动法中关于标准工作时间、加班和休息时间以及休假制度的各种规定,保障劳动者在劳动过程中的安全与卫生的各种措施,对女职工和未成年工特殊的劳动保护等等。

2. 劳动者在劳动保护方面享有哪些基本权利？

劳动者在劳动保护方面享有的权利包括防止工伤事故发生的劳动安全与防止职业病的劳动卫生两个方面。

根据《中华人民共和国安全生产法》的规定,劳动者在安全生产方面享有如下基本权利:①签订的劳动合同中应当载明有关保障劳动安全、防止职业危害以及为从业人员办理社会保险等事项;②生产经营单位不得以任何形式免除或者减轻其对从业人员因安全事故伤亡所应依法承担的责任;③从业人员有权了解自己工作中存在的危险因素、防范措施及事故应急措施,并有权对其提出建议。④从业人员有权对本单位在安全生产方面存在的问题提出批评、检举和控告,有权拒绝违章指挥和强令冒险作业,用人单位不得因此而降低其工资福利待遇或者解除劳动合同;⑤从业人员发现危及人身安全的紧急情况时有权停止作业或采取必要的应急措施后撤离作业场所,用人单位不得因此而降低其工资福利待遇或者解除劳动合同;⑥从业人员因安全生产事故受到损害的,有权依照相关法律向用人单位提出赔偿要求。

根据《中华人民共和国职业病防治法》第三章第三十六条的规定,劳动者享有下列职业卫生保护权利:①获得职业卫生教育、培训的权利;②获得职业健康检查、职业病诊疗、康复等职业病防治服务的权利;③了解工作场所产生或者可能产生的职业病危害因素、危害后果和应当采取的职业病防护措施的权利;④要求用人单位提供符合防治职业病要求的职业病防护设施和个人使用的职业病防护用品、改善工作条件的权利;⑤对违反职业病防治法律、法规以及危及生命健康的行为提出批评、检举和控告的权利;⑥拒绝违章指挥和强令进行没有职业病防护措施的作业的权利;⑦参与用人单位职业卫生工作的民主管理,对职业病防治工作提出意见和建议的权利。

用人单位必须保障劳动者享有以上各项权利,因为劳动者行使上述权利而降低其工资待遇或者解除劳动合同的,其行为无效。

3. 劳动者在安全生产方面负有哪些基本义务?

我国在《安全生产法》中详细规定了劳动者在安全生产方面负有的基本义务,其内容有以下几个方面。

第一,从业人员应当接受安全生产教育和培训,掌握本职工作所需的安全生产知识,提高安全生产技能,增强事故预防和应急处理能力。

第二,从业人员在作业过程中,应当严格遵守本单位的安全生产规章制度和操作规程,服从管理,正确佩戴和使用劳动防护用品。

第三,从业人员发现事故隐患或者其他不安全因素,应当立即向现场安全生产管理人员或者本单位负责人报告;接到报告的人员应当及时予以处理。

4. 女职工享有哪些特殊的劳动保护?

现阶段,女性在进城务工者中占有相当大的比例,尤其是在一些劳动密集型的非重体力行业中,例如针织、棉纺、服装和电子产品加工、餐饮、家政、保洁等,有很大一部分是女性。由于女性客观的生理机能和身体特点,国家规定对于女性劳动者实行特殊的劳动保护。

在劳动就业方面,国家保障女性享有与男子平等的劳动权利,用人单位在选取录用职工时,除了一些不适合女性的工作类型和劳动岗位以外,不得拒绝录用女性或者故意提高录用女性的标准。同时我国法律还规定要实行男女同工同酬,即在付出同等劳动的条件下,女性职工应该与男性职工获取同样的工资报酬。

在具体工作方面,我国法律对女职工从事的工种和劳动强度进行了限制,禁止用人单位让女性从事以下工作:①矿山井下作业;②森林伐木、归楞及流放作业;③体力劳动强度分级标准中第四级体力劳动强度的作业;④建筑业脚手架的组装和拆除作业,以及电力、电信行业的高处架线作业;⑤连续负重(每小时负重6次以上)每次负重超过20千克、间断负重每次超过25千克的作业。

此外,我国法律还对女性的"四期"保护作了具体的规定。所谓"四期"是指经期、孕期、产期和哺乳期。在女职工的孕期、产期和哺乳期内用人单位不得降低其基本工资,不得解除劳动关系,劳动合同在这个期限内届满的应自动延续至孕期、产期和哺乳期满。具体规定如下。

(1)**经期保护** 用人单位不得安排女职工在经期从事高处、低温、冷水作业和国家规定的第三级体力劳动强度的劳动;对患有重度痛经及月经量过多的女职工,经医疗或妇幼保健机构确诊后,月经期间可适当给予1~2天的休息。

(2)**孕期保护** 女职工在怀孕期间,用人单位不得安排其从事国家规定的第三级体力劳动强度的劳动和孕期禁忌从事的劳动,对怀孕7个月以上的女职工,不得安排其延长工作时间和夜班劳动,在劳动期间内还应给予其一定的休息时间。

(3)**产期保护** 女职工在产期应享受不少于90天的产假,生育多胞胎的,每增加1胞胎多休15天,难产增加15天。女职工怀孕流产也应给予其产假,产假期间工资照发。

(4)**哺乳期保护** 哺乳期是指女职工在产后哺乳未满1周岁的婴儿期间,国家规定用人单位不得安排其从事第三级体力劳动强度的劳动和哺乳期禁忌从事的其他劳动,不得安排其延长工作时间和夜班劳动。在哺乳期,所在单位还应在每班劳动时间内安排女职工两次哺乳时间,每次30分钟;生育多胞胎每增加1胞胎多30分钟。

5. 国家关于禁止使用童工是如何规定的?

童工是指未满16周岁,与单位或者个人发生劳动关系,从事有经济收入的劳动或者从事个体劳动的少年、儿童。

为保护未成年人的身心健康,促进义务教育制度的实施,维护未成年人的合法权益,国务院颁布的《禁止使用童工规定》中规定了以下内容:

第一,无论是国家机关、社会团体,还是企业事业单位、民办非企业单位和个体工商户,任何用人单位都被禁止招用不满16周岁的未成年人;禁止任何单位或个人为不满16周岁的未成年人介绍就业;禁止不满16周岁的未成年人开业从事个体经营活动。

第二,未成年人的父母或者其他监护人应当保护其身心健康,保障其接受义务教育的权利,不得允许其被用人单位非法招用;用人单位招用人员时必须核查应聘者的身份证,一律不得录用不满16周岁的未成年人;县级以上各级政府劳动保障行政部门负有监督检查的义务,公安、工商行政管理、教育、卫生等部门以及工会、共青团、妇联等群众组织也负有相应义务;任何单位和个人对违反规定的行为都有举报权。

第三,未成年人的父母或者其他监护人允许其被用人单位非法招用的,所在地的乡(镇)人民政府、城市街道办事处以及村民委员会、居民委员会应当给予批评教育。用人单位使用童工的,按照每使用1名童工每月处5 000元罚款的标准给予处罚;在使用有毒物品的作业场所使用童工的,从重处罚;劳动保障行政部门在处罚的同时应责令用人单位限期将童工送回原居住地交其监护人,所需费用由用人单位承担。单位或者个人为不满16周岁的未成年人介绍就业的,按照每介绍1人处5 000元罚款的标准给予处罚;职业中介机构为不满16周岁的未成年人介绍就业的,由劳动保障行政部门吊销其职业介绍许可证。童工伤残或者死亡的,用人单位由工商行政管理部门吊销营业执照或者由民政部门撤销民办非企业单位登记。拐骗童工,强迫童工劳动,使用童工从事高空、井下、放射性、高毒、易燃易爆以及国家规定的第四级体力劳动强度的劳动,使用不满14周岁的童工,或者造成童工死亡或者严重伤残的,依照刑法关于拐卖儿童罪、强迫劳动罪或者其他罪的规定,依法追究刑事责任。对于劳动保障等有关部门工作人员在禁止使用童工的监督检查工作中发现使用童工的情况,不予制止、纠正、查处的;公安机关的人民警察违反规定发放身份证或者在身份证上登录虚假出生年月的;工商行政管理部门工作人员发现申请人是不满16周岁的未成年人,仍然为其从事个体经营发放营业执照的,应给予相关责任人员记大过或者降级的行政处分,情节严重的撤职或者开除,构成犯罪的依法追究刑事责任。

第四,文艺、体育单位经未成年人的父母或者其他监护人同意,可以招用不满16周岁的专业文艺工作者、运动员;学校、其他教育机构以及职业培训机构按照国家有关规定组织不满16周岁的未成年人进行不影响其人身安全和身心健康的教育实践劳动、职业技能培训劳动以及未成年人从事家务劳动、家庭劳动等未形成劳动关系的劳动不属于使用童工。

6. 未成年工享有哪些基本的劳动保护?

未成年工是指年满16周岁不满18周岁的劳动者。国家禁止使用童工,但是允许16周岁以上的未成年工从事相应的工作。由于未成年工的身体还没有完全发育成熟,因此国家对未成年工就业作出了一些保护性的规定,主要包括三项内容。

一是培训登记制度。未成年工上岗前用人单位应对其进行有关的职业安全卫生培训;未成年工体检和登记,由用人单位统一办理和承担费用;用人单位招收使用未成年工,除符合一般用工要求外,须向所在地的县级以上劳动行政部门办理登记;劳动行政部门根据《未成年工健康检查表》、《未成年工登记表》,核发《未成年工登记证》;各级劳动行政部门须按《未成年工特殊保护规定》的有关规定,审核体检情况和拟定安排的劳动范围;未成年工须持《未成年工登记证》上岗。

二是健康检查制度。用人单位应在安排工作岗位之前、工作满1年和年满18周岁但距前一次的体检时间已超过半年时对未成年工定期进行健康检查;用人单位应根据未成年工的健康检查结果安排其从事适合的劳动,对不能胜任原劳动岗位的,应根据医务部门的证明,予以减轻劳动量或安排其他劳动。用人单位未按规定对未成年工定期进行健康检查的,应责令限期改正;逾期不改正的,按每侵害1名未成年工罚款3 000元以下的标准处罚。

三是规定未成年工禁止从事的劳动范围。《劳动法》规定,用人单位不得安排未成年工从事矿山井下、有毒有害和重体力劳动;不得安排未成年工从事国家规定的第四级体力劳动强度的劳动和其他禁忌从事的劳动,例如森林业伐木、归楞及流放作业、高空作业、放射性物质超标的作业以及其他会影响未成年人生长发育的作业等。

虽然关于未成年工禁止从事的劳动范围说起来好像很简单,但是真正到现实中区分起来往往是一件十分复杂和困难的事情,务工者如果有疑问可以向用人单位或者相关的劳动部门咨询,因为我国的《安全生产法》明确规定了用人单位有向从业人员告知关于工作性质、危险因素和防范措施的义务。用人单位安排未成年工从事禁止范围的工作的,劳动行政部门应当责令其改正,并按每侵害1名未成年工罚款3 000元以下的标准进行处罚。

7. 务工者应熟悉哪些基本的安全标志？

由几何图形、相关图形符号和安全色构成的、用以传达特定安全信息的标记称为安全标志。设置和制定安全标志的目的是引起人们对不安全因素的注意程度，预防发生事故和灾难。安全标志可以分为禁止标志、警告标志、命令标志和提示标志四大类。

相关的国家标准对通用安全标志的底色、大小、制作、设置、检查、维修以及各类标志的几何图形、标志数量、图形颜色及其补充标志等都作了具体明确的规定。所有安全标志的文字说明都必须与安全标志同时使用，补充标志应位于安全标志图形的下方，文字有横竖两种书写形式。

（1）禁止标志 图形标识是一个圆环带有斜杠，圆环和斜杠均为红色，底色为白色，图形符号是黑色。禁止标志通常有：禁止通行、禁止入内、禁止抛物、禁止停留、禁止攀登、禁止跨越、禁止乘人、禁止饮用、禁止启动、禁止转动、禁止跳下、禁止吸烟、禁止烟火、禁带火种、禁放易燃物、禁止用水灭火、禁止堆放、禁止靠近、禁止合闸、禁止触摸、禁止穿化纤衣服、禁止穿带钉鞋、禁止戴手套等23个。见封2及彩页1"禁止标志"。

（2）警告标志 图形标识是一个大三角形，边框及符号均为黑色，底色是黄色。警告标志有：注意安全、当心火车、当心扎脚、当心伤手、当心坠落、当心落物、当心吊物、当心坑洞、当心塌方、当心滑跌、当心爆炸、当心火灾、当心触电、当心中毒、当心腐蚀、当心机械伤人、当心弧光、当心冒顶、当心瓦斯、当心激光、当心微波、当心裂变物质、当心电离辐射、当心烫伤、当心感染、当心电缆、当心绊倒等23个。见彩页2~3"警告标志"。

（3）命令标志　是提醒人们要遵守相关规定的一种标志。图形标识是圆形，图形符号是白色，底色为蓝色。命令标志有：必须戴防护手套、必须穿防护鞋、必须穿防护服、必须系安全带、必须戴安全帽、必须戴防护眼镜、必须戴防毒面具、必须戴护耳器、必须穿救生衣、必须戴防护帽、必须戴防尘口罩、必须加锁等12个。见彩页4"命令标志"。

（4）提示标志　是起指示目标方向作用的安全标志。图形标识是一个长方形，提示标志符号及文字为白色，图形底色为绿色。一般提示标志有：紧急出口、避险处、可动火区等。见封3"提示标志"。

8. 使用劳保用品有哪些要求？

从业人员在从事生产活动时，为了避免或者减轻职业危害和事故伤害而随身穿戴的个人用品称为劳动保护用品。劳动保护用品一般都有国家规定的最低防护能力和使用时间，在有效期内使用能够使从业人员利用劳动保护用品的防护能力，免遭或者减轻特定工作环境下的职业危害和慢性腐蚀，但其发挥作用的前提是从业人员要正确保管和使用劳动保护用品。

根据《劳动防护用品管理规定》的要求，劳保用品的发放、使用和管理必须遵守以下几项规定。

第一，使用劳保用品的用人单位必须为劳动者免费提供符合国家质量标准的劳动防护用品，不得以货币等其他任何形式代替。

第二，使用劳保用品的用人单位应当对职工进行必要的培训和教育，使从业人员了解劳保用品的使用规则和注意事项，以便能够在生产中正确使用。

第三,使用单位应该在使用前对劳保用品的防护功能、有效期等进行检查,以保证劳保用品符合使用要求。为此,使用单位应该建立相关的管理制度,对劳动防护用品的购买、验收、保管、发放、使用、报废等一整套程序进行规范管理。

第四,使用单位应该到国家规定的定点单位和生产企业购买特定的劳动防护用品,还须经过本单位安全技术部门的验收。

9. 特种作业有哪些种类?

特种作业是指在劳动过程中可能会对本人、他人及周围设施产生重大危害,容易发生意外伤亡事故,对操作者有着比从事一般职业者更高要求的生产作业。按照《特种作业人员安全技术培训考核管理办法》的规定,特种作业的范围包括:电工作业、锅炉司炉、压力容器操作、起重机械作业、爆破作业、金属焊接(气割)作业、煤矿井下瓦斯检验、机动车辆和船舶驾驶、轮机操作、建筑登高架设作业等10类。

10. 从事特种作业需要具备哪些条件?

属于特种作业的工作都是危险性极大的工种,如果劳动者在上岗前没有针对所要从事的工作进行系统严格的培训,就很难胜任工作,且极易造成对自己和他人的伤害。所以,国家对从事特种作业的劳动者作了严格的限制,从事特种作业的人员必须具备四项基本条件:①年满18周岁;②身体健康,无妨碍从事相应工作的疾病和生理缺陷;③具备初中以上文化程度和相应工种的安全技术知识,参加国家规定的安全技术理论和实际操作考核且成绩合格;④符合相应工种要求的其他条件。

《劳动法》规定,从事特种作业的劳动者必须经过专门培训并取得特种作业资格。因此,想从事特种作业的进城务工者,必须先要取得特种作业操作证。

符合身体、年龄条件的务工者可以向所在地负责特种作业人员考核的单位提出申请,考核单位收到申请后会在60天内组织考核。考核分为安全技术理论考核和实际操作考核两部分,全部考核合格的,由安全生产监督管理部门签发《特种作业操作证》,全国通用。该证有一定的有效期,过期需要重新申请参加考试,在有效期内也要定期复审。

根据规定,无《特种作业操作证》从事特种作业的,要由相关部门对用人单位和作业人员进行处罚。特种作业人员离开特种作业岗位6个月以上,应当重新进行实际操作考核,合格后方可上岗就业。

11. 职业危害因素有哪些种类?

职业危害因素是指从业人员在生产活动中直接或间接接触到的生物、物理、化学等环境危害因素以及其他会给从业人员造成伤害的因素。职业危害因素会直接影响劳动者的身体健康。从其来源划分,可以将职业危害因素分为以下三类。

(1)与生产活动过程有关的职业危害因素 如高温、粉尘、异常气压、噪声、各种有毒有害物质和各种病毒及细菌等传染性病原体。

(2)与劳动过程本身有关的职业危害因素 这主要是由用人单位的劳动制度或者劳动工具不合理造成的,如精神高度紧张、劳动强度过大、需要长久持续某一个固定姿势等。

(3)与工作场所有关的职业危害因素 例如厂房建筑不合理、通风不畅、照明不好、自然环境恶劣等。

12. 如何预防职业危害？

用人单位为了省钱，或者单位的主要负责人玩忽职守、工作不到位，致使劳动者直接暴露在各种危险的职业危害因素中，是劳动者发生职业病的重要原因。职业病的严重后果已是众所共知，要预防职业病就是要预防各种职业危害。

关于预防职业病，国家在《职业病防治法》中做了明确规定，要求用人单位的劳动场所，要使职业病危害因素的强度或者浓度符合国家职业卫生标准；有与职业病危害防护相适应的设施；生产布局合理，符合有害与无害作业分开的原则；有配套的更衣间、洗浴间、孕妇休息间等卫生设施；设备、工具、用具等设施符合保护劳动者生理、心理健康的要求。要求用人单位加强劳动过程中的防护与管理，健全管理制度，提供必要的合格的劳动防护用品，配置报警、急救装置等。

职业危害仅仅由用人单位预防是不够的，毕竟劳动者才是在第一线直接接触各种职业危害因素的，所以劳动者在劳动过程中做好防护很重要。在开始工作之前一定要对工作有一定的了解，学习和掌握相关的卫生知识，在从事存在职业危害的工作时，要严格遵守规章和各种操作规程，正确使用手套、口罩等劳动防护用品，发现异常情况及时向单位负责人和卫生部门报告。如果单位没有达到《职业病防治法》的要求，劳动者有权要求改进，若遭到拒绝可以向相关部门投诉举报。

13. 什么是职业病？

职业病是指各种国有、集体、民营企业和个体经济组织等用人单位的劳动者，在从事生产活动的过程中，因接触粉尘、噪声或有毒有害物质等职业危害因素而引起的疾病。从这个意义上说,所有因职业因素所引起的疾病均可称为职业病,但并不是所有的此类疾病都可以享受保险待遇,只有法定的职业病患者在治疗、伤残补助等方面才享有相应的劳保待遇。

根据国务院相关部委和中华全国总工会联合确定的职业病范围和处理办法的规定,我国的法定职业病有九个大类共139种,包括职业中毒51种,尘肺52种,职业性肿瘤8种,职业性皮肤病7种,物理因素职业病6种,职业性传染病3种,职业性眼病3种,职业性耳鼻喉病2种,其他职业病7种。

14. 患了职业病怎么办?

职业病需要得到确诊以后才能享受相应的职业病待遇。所以务工者一旦怀疑自己患了职业病,要到所在地承担职业病诊断的医疗机构(如职业病防治医院)进行职业病诊断,由职业诊断机构综合分析病人职业史、职业病危害接触史、临床表现以及检查结果后确定,如果在排除其他致病因素后,仍没有证据否定职工的临床表现与职业病危害因素有必然联系的,应该确定为职业病。劳动者如果对职业病的诊断不服,可以申请卫生行政部门重新鉴定。

劳动者被确诊为职业病之后,用人单位应该按照规定向当地劳动行政部门报告,并在劳动行政部门的监督下,给予劳动者经济补偿。务工者发现用人单位瞒报、漏报职业病的,可以向劳动行政部门报告,请求其帮助协调。如果对赔偿结果不满意,务工者可以依法向法院提起诉讼,以维护自己的合法权益。

15. 关于职业病国家有哪些政策规定?

劳动者一旦被确诊为患有职业病,就依法享受国家规定的职业病待遇。用人单位应当按照国家有关规定,安排职业病病人进行治疗、康复和定期检查;用人单位对不适宜继续从事原工作的职业病病人,应当调离原岗位,并妥善安置;用人单位对从事接触职业病危害的作业的劳动者,应当给予适当岗位津贴。

根据我国法律规定,职业病人享有以下待遇。

第一,职业病病人的诊疗、康复费用,伤残以及丧失劳动能力的职业病病人的社会保障,按照国家有关工伤社会保险的规定执行。

第二,职业病病人除依法享有工伤社会保险外,依照有关民事法律,尚有获得赔偿的权利的,有权向用人单位提出赔偿要求。

第三,劳动者被诊断患有职业病,但用人单位没有依法参加工伤社会保险的,其医疗和生活保障由最后的用人单位承担;最后的用人单位有证据证明该职业病是先前用人单位的职业病危害造成的,其医疗和生活保障由先前的用人单位承担。

第四,职业病病人变动工作单位,其依法享有的待遇不变。

第五,用人单位发生分立、合并、解散、破产等情形的,应当对从事接触职业病危害的作业的劳动者进行健康检查,并按照国家有关规定妥善安置职业病病人。

16. 如何预防噪声危害?

现在的工业生产机械化程度不断提高,在生产过程中,由于机器的转动、摩擦撞击、气流的排放、液体在管道中流动、燃烧爆炸等原因都能产生噪声,而噪声已成为一种常见的职业危害。噪声可使工人感到烦恼、疲倦,甚至造成工伤事故。长期在强噪声环境中工作的人,可引起听力减退、噪声性耳聋以及其他全身性影响。

在我国现有生产条件下,受强烈噪声影响的主要职业有:使用风动工具的职业、铆钉工、汽锤工、纺织工、拖拉机手及发动机试验人员等。从事这些职业的劳动者,开始时多数人感到不舒服、刺耳难受、产生耳鸣及听觉迟钝,出现暂时性听力下降,但离开噪声环境数分钟或几小时后可完全恢复。随着暴露于噪声时间的延长,听力损害可发展到对谈话的听力下降,严重时可完全丧失一般语言交流的听力,连面对面讲话都听不见,引起噪声性耳聋。

目前,对噪声性耳聋尚无特殊的治疗方法,一旦发生噪声性耳聋,要求医生通过治疗恢复听力的可能性很小。因此,进行工艺改革,采取防振、隔声、吸声、消声等措施,降低或消除生产性噪声,是预防噪声性耳聋发生的关键。只要将噪声强度降低到国家卫生标准85分贝或90分贝以下,务工者的听力就可不受影响。务工者自己也应积极配合劳动保护部门和单位保健部门的工作,按规定使用个人防护用具,如耳罩、耳塞、耳棉等,在未能降低车间噪声强度时,个人防护用具对防止噪声性耳聋有着不可忽视的作用。定期进行听力检查,可早期发现病症,在没有发生语言听力障碍前,脱离接触噪声环境,进行适当治疗,可防止发展成噪声性耳聋。此外,接触噪声的务工者,应有适当的、合理的工间休息,这有利于噪声引起的听觉器官疲劳的恢复。

17. 如何预防粉尘危害?

所谓粉尘就是指被破碎成细小颗粒的固体物质。在日常生活中,特别是工业生产中,粉尘是随处可见的。粉尘可对机体引起各种损害,其中对机体影响最大的是呼吸系统损害,包括上呼吸道炎症、肺炎、肺肉芽肿、肺癌、尘肺以及其他职业性肺部疾病等,是发生职业病的重要原因之一。

湿式作业是一种经济易行的防止粉尘飞扬的有效措施,凡是可以湿式生产的作业均要尽量使用。例如,矿山的湿式凿岩、冲刷巷道等;对不能采取湿式作业的产尘岗位,应采用密闭吸风除尘方法,凡是能产生粉尘的设备均应尽可能密闭,并用局部机械吸风,使密闭设备内保持一定的负压,防止粉尘外逸;对受到条件限制,一时粉尘浓度达不到允许浓度标准的作业,作业人员佩带合适的防尘口罩是一种重要措施。防尘口罩要滤尘率、透气率高,重量轻,不影响工人视野及操作;务工者应注意个人卫生习惯,不吸烟,遵守防尘操作规程,严格执行未佩带防尘口罩不上岗操作的制度;注意营养、增强体质、提高抵抗力,对预防粉尘的危害也具有一定意义。此外,有条件的务工者还要定期体检,其目的在于早期发现粉尘对健康的损害,发现作业者有不宜从事粉尘作业的疾病时,应及时申请调离。

18. 如何预防有毒有害物质危害?

务工者从事的工作,有很多时候都是要接触有毒有害的化学品的,其对人体的危害不言自明。那么如何才能预防或者尽量减轻生产过程中有毒有害的化学品对人体的危害呢?

(1) 替代 控制、预防化学品危害最理想的方法是不使用有毒有害和易燃易爆的化学品。通常的做法是选用无毒或低毒的化学品替代已有的有毒有害化学品,但受到科学技术水平和生产成本的限制,这一点并不是总能做到。

(2) 隔离 隔离就是通过封闭、设置屏障等措施,拉开作业人员与危险源之间的距离,避免作业人员直接暴露于有害环境中。最常用的方法是将生产或使用的设备完全封闭起来,使工人在操作中不接触化学品。这可通过隔离整台机器、整个生产过程来实现。

(3) 通风 通风是控制作业场所中有害气体、蒸汽或粉尘最有效的措施。借助于有效的通风,使作业场所空气中有害气体、蒸汽或粉尘的浓度低于安全浓度,保证工人的身体健康,防止火灾、爆炸事故的发生。

(4) 个体防护 当作业场所中有害化学品的浓度超标时,务工者就必须使用合适的个体防护用品。防护用品既不能降低作业场所中有害化学品的浓度,也不能消除作业场所的有害化学品,但却是一道阻止有害物质进入人体的有效屏障,是控制有毒有害物质危害的重要手段。

(5) 保持作业场所清洁 经常清洗作业场所,对废物和溢出物加以适当处置,保持作业场所清洁,也能有效地预防和控制化学品危害。

(6) 务工者的个人卫生 务工者养成良好的卫生习惯,也是消除和降低化学品危害的一种有效方法。保持良好的个人卫生,就可以防止有害物附着在皮肤上,防止有害物通过皮肤渗入体内。

19. 如何对中暑者进行救护?

中暑是指在高温环境下,人体体温调节功能紊乱而引起的以中枢神经系统和循环系统障碍为主要表现的急性疾病。高温作业的务工者、夏天露天作业的务工者是中暑的高发人群,除了与高温、烈日暴晒有关外,工作强度过大、时间过长、过度疲劳等也是中暑的常见诱因。

中暑发病急,大多数人会出现头晕、眼花、头痛、恶心、胸闷、烦躁等症状。先兆中暑表现为大量出汗、口渴、头晕、耳鸣、胸闷、心悸、恶心、四肢无力等症状,体温正常或略有升高,如能及时离开高热环境,经短时间休息后症状即可消失。轻度中暑既有先兆中暑症状,同时又表现为面色发红、胸闷、皮肤灼热等现象,并伴有恶心、呕吐、大量出汗、皮肤湿冷、血压下降等症状。重度中暑大多数情况是在高温环境中突然昏迷,此前常有头痛、麻木与刺痛、眩晕、不安或精神错乱、肢体不随意运动等,皮肤灼热而绯红,体温常在40℃以上。

若自己周围有人中暑,应对其及时按以下程序进行救护。

第一,立即将病人移到通风、阴凉、干燥的地方,如走廊、树荫下。

第二,让病人仰卧,解开衣扣,脱去或松开衣服。如衣服被汗水湿透,应更换干衣服,同时开电扇或开空调,以尽快为病人散热。

第三,尽快冷却体温,降至38℃以下。具体做法有:用凉湿毛巾冷敷头部、腋下以及腹股沟等处;用温水或酒精擦拭全身;冷水浸浴15~30分钟。

第四,意识清醒的病人或经过降温清醒的病人可饮服绿豆汤、淡盐水等解暑。

第五,对于重症中暑病人,简单救护后,要立即拨打120电话,请求医务人员紧急救治。

六、务工期间的社会保险

1. 什么是社会保险？

社会保险是国家通过法律的形式建立的,对劳动者在年老、生病、伤残、死亡、失业以及发生其他生存和生活困难时,对其给予一定的物质帮助的制度。社会保险与社会福利、社会救助、社会优抚和安置共同构成我国的社会保障体系。劳动者参加社会保险,能够在生活中发生意外时获得一定数量的社会物质帮助,以保证本人或家属的生存和生活需要。社会保险主要包括工伤保险、医疗保险、失业保险、养老保险和生育保险五项。

社会保险和商业保险都有降低特定人群风险,为发生意外事故和遭受职业伤害的人提供帮助和补偿的作用,且二者都是有偿的,即需要享受该待遇的人付出相应的代价。但是社会保险和商业保险并不完全相同,在很多方面有着本质的区别。社会保险的主要目的是保障劳动者的基本生活需要,维护社会稳定,社会意义居首要位置,政府对社会保险承担最终的责任。商业保险是一种企业行为,它最主要的目的是盈利,对发生意外事情的劳动者进行赔偿只是按所交保费的多少起到一定的保障作用。另外社会保险的具体险种中有相当一部分都是强制的或者国家政策鼓励的,而是否参加商业保险则完全由劳动者自主自愿决定。

2. 进城务工者为什么要参加工伤保险？

工伤保险是指劳动者被有关部门确诊患有职业病或者由于工作原因遭受意外伤害，导致部分或全部、暂时或永久性的丧失劳动能力，国家和社会对劳动者本人或其家属提供的医疗救助、生活保障和经济补偿。

各种职业伤害所造成的直接后果，轻则影响身体健康，重则危及生命安全，会给劳动者本人及其家属带来严重的精神伤害和巨大的经济损失。工伤保险可以在一定程度上改善劳动者的处境，弥补经济损失。我国的《工伤保险条例》中明确规定，中华人民共和国境内的各类企业、有雇工的个体工商户都必须参加工伤保险，由企业为全体职工缴纳工伤保险费，职工个人不用缴纳保险费。工伤保险是我国社会保障制度的重要组成部分，是国家给予公民的权利和用人单位应尽的义务。所以，为了维护自己的合法权益，降低事故风险，免除后顾之忧，进城务工者一定要督促用人单位参加工伤保险。在《国务院办公厅关于进一步做好改善农民进城就业环境工作的通知》中也明确规定："各地要认真贯彻落实《工伤保险条例》，将与用人单位形成劳动关系的农民工全部纳入工伤保险范围。用人单位必须为签订了劳动合同或形成事实劳动关系的农民工及时办理参加工伤保险的手续；发生工伤的，劳动保障行政部门要依法进行认定。未参加工伤保险的企业，农民工发生工伤的，企业必须按照《工伤保险条例》规定的标准支付工伤费用。要重点推进农民工较多、工伤和职业病风险程度较高的建筑、矿山等行业参加工伤保险。劳动保障部门要制订适合农民工特点的待遇支付方式，方便农民工参保和享受待遇。建筑施工企业要按照《中华人民共和国建筑法》、《建设工程安全生产管理条例》规定,为施工现场从事危险作业的农民工办理意外伤害保险,作为工伤保险的重要补充。"

3. 什么是工伤？

工伤是指企业从业人员在工作时间、工作地点和工作场所,从事与生产劳动有关的活动时,由于劳动条件、作业环境及其他各种原因所引起的人身伤害事故和职业病。

根据我国《工伤保险条例》的规定,以下情形应认定为工伤:①在工作时间和工作场所内,因工作原因受到事故伤害的;②工作时间前后在工作场所内,从事与工作有关的预备性或者收尾性工作受到事故伤害的;③在工作时间和工作场所内,因履行工作职责受到暴力等意外伤害的;④患职业病的;⑤因工外出期间,由于工作原因受到伤害或者发生事故下落不明的;⑥在上下班途中,受到机动车事故伤害的;⑦法律、行政法规规定应当认定为工伤的其他情形。

有下列情形之一的,视同工伤:①在工作时间和工作岗位,突发疾病死亡或者在48小时之内经抢救无效死亡的;②在抢险救灾等维护国家利益、公共利益活动中受到伤害的;③职工原在军队服役,因战、因公负伤致残,已取得革命伤残军人证,到用人单位后旧伤复发的。

有下列情形之一的,不得认定为工伤或者视同工伤:①因犯罪或者违反治安管理伤亡的;②醉酒导致伤亡的;③自残或者自杀的。

4. 受了工伤怎么办？

务工者如果受了工伤,除了立即联系医院进行必要的救治外,还要在第一时间通知单位领导和负责人,因为工伤认定申请应当由用人单位主动向所在地劳动行政保障部门主动提出,而申请工伤认定是享受工伤保险待遇的前提条件。劳动者发生意外事故伤害之后,所在单位应当自事故伤害发生之日起30日内,向劳动保障行政部门提出工伤认定申请,有特殊情况,经报劳动部门同意,申请时限可以适当延长。如果用人单位没有为职工办理工伤保险,他们有可能拒绝为劳动者申请工伤认定,以逃避自己应该承担的赔偿责任。此时工伤职工或者其直系亲属、工会组织在事故伤害发生之日起1年内,可以直接向用人单位所在地劳动保障行政部门提出工伤认定申请。

用人单位或者劳动者本人向相关部门提出工伤认定申请时,应当提供以下资料:①工伤认定申请表(包括事故发生的时间、地点、原因以及职工伤害程度等基本情况);②与用人单位存在劳动关系(包括事实劳动关系)的证明材料;③医疗诊断证明。

工伤认定申请人提供材料不完整的,劳动保障行政部门应当一次性书面告知工伤认定申请人需要补正的全部材料,申请人按照书面告知要求补正材料后,劳动保障行政部门应当受理。劳动保障行政部门应当自受理工伤认定申请之日起60日内做出工伤认定的决定,并书面通知申请工伤认定的职工或者其直系亲属和该职工所在单位。

5. 如何申请劳动能力鉴定?

相关部门的劳动能力鉴定结论是核定劳动者享受何种工伤保险待遇的重要依据。一般来说,劳动能力鉴定要在伤情基本稳定之后仍然存在劳动障碍或者无法劳动的情况下申请进行,包括劳动功能障碍程度和生活自理障碍程度两个方面。劳动功能障碍按伤残由轻到重分为十个等级,生活自理障碍分为生活完全不能自理、大部分不能自理和部分不能自理三个等级。

劳动能力鉴定由用人单位、工伤职工或者其直系亲属向设区的市级劳动能力鉴定委员会提出申请,并提供工伤认定决定和职工工伤医疗的有关资料。设区的市级劳动能力鉴定委员会应当自收到劳动能力鉴定申请之日起60日内做出劳动能力鉴定结论,必要时,做出劳动能力鉴定结论的期限可以延长30日,劳动能力鉴定结论应当及时送达申请鉴定的单位和个人。

劳动能力鉴定工作应当客观、公正。劳动能力鉴定委员会组成人员或者参加鉴定的专家与当事人有利害关系的,应当回避。申请鉴定的单位或者个人对设区的市级劳动能力鉴定委员会做出的鉴定结论不服的,可以在收到该鉴定结论之日起15日内向省、自治区、直辖市劳动能力鉴定委员会提出再次鉴定申请。省、自治区、直辖市劳动能力鉴定委员会做出的劳动能力鉴定结论为最终结论。

自劳动能力鉴定结论做出之日起1年后,工伤职工或者其直系亲属、所在单位或者经办机构认为伤残情况发生变化的,可以申请劳动能力复查鉴定。

6. 参加工伤保险的进城务工者可享受哪些待遇?

根据《工伤保险条例》的规定,依法参加工伤保险的劳动者享有的工伤保险待遇包括医疗待遇、伤残待遇和死亡待遇三大组成部分。

(1)医疗待遇 职工因工作遭受事故伤害或者患职业病进行治疗,享受工伤医疗待遇。职工因工伤住院治疗的,由用人单位按因公出差伙食补助标准的70%发给伙食补助；工伤职工经同意到统筹地区以外就医的，所需交通、食宿费用由用人单位按因公出差标准报销。工伤职工治疗非工伤引发的疾病，不能享受工伤医疗待遇。工伤职工因日常生活或者就业需要，经劳动能力鉴定委员会确认，可以安装假肢等辅助器具的，所需费用按规定标准从工伤保险基金支付。职工因工作遭受事故伤害或者患职业病需要暂停工作接受工伤医疗的，在停工留薪期内，原工资福利待遇不变，由所在单位按月支付，生活不能自理的工伤职工在停工留薪期需要护理的，由所在单位负责。

（2）**伤残待遇** 工伤职工在劳动能力鉴定中劳动功能障碍程度被鉴定为一至十级伤残的，还要享受不同程度的一次性伤残补助金和伤残补贴，伤残的等级越高，其享受的伤残补助金额就越大。职工因工致残被鉴定为一级至四级伤残的，保留劳动关系，退出工作岗位，领取相应的一次性生活补贴，并按月领取伤残津贴；因工致残被鉴定为五级、六级伤残的，除领取更高的生活补贴和伤残津贴外，还可以在自愿的前提下与用人单位解除或者终止劳动关系，由用人单位支付一次性工伤医疗补助金和伤残就业补助金。具体标准由省、自治区、直辖市人民政府规定。工伤职工工伤复发，确认需要治疗的，仍然享受同样的工伤待遇。

（3）**死亡待遇** 职工因工伤死亡，其直系亲属可以按规定从工伤保险基金领取丧葬补助金、供养亲属抚恤金和一次性工亡补助金。丧葬补助金为6个月的统筹地区上年度职工月平均工资；供养亲属抚恤金按照职工本人工资的一定比例发给该职工生前提供主要生活来源、无劳动能力的亲属，配偶每月和其他亲属每人每月分别为40%和30%，孤寡老人和孤儿标准上浮10%。一次性伤亡补助金标准为48~60个月的统筹地区上年度职工月平均工资。具体标准由统筹地区的人民政府根据当地经济、社会发展状况确定。伤残职工在停工留薪期内因工伤导致死亡的,一级至四级伤残职工在停工留薪期满后死亡的,其直系亲属也享受上述规定的待遇。

7. 哪些情况不能享受工伤保险待遇?

值得引起注意的是,并非参加工伤保险的劳动者所有的工伤都能够享受工伤保险待遇。根据规定工伤职工有下列情形之一的,不能享受或者停止享受工伤保险待遇:①丧失享受待遇条件的;②拒不接受劳动能力鉴定的;③拒绝治疗的;④被判刑正在收监执行的。

8. 单位经营情况发生变化后工伤保险待遇是否也要随之发生变动?

在现代瞬息万变的社会中,单位尤其是规模不是很大的民营企业发生经营情况的变化是一件很正常的事情。那么,如果单位的经营情况发生变化,职工的工伤保险待遇是否也要发生相应变化呢?这要分为几种不同的情况来处理。

第一,用人单位分立、合并、转让的,承继单位应当承担原用人单位的工伤保险责任;原用人单位已经参加工伤保险的,承继单位应当到当地经办机构办理工伤保险变更登记。

第二,用人单位实行承包经营的,工伤保险责任由职工劳动关系所在单位承担。

第三,职工被借调期间受到工伤事故伤害的,由原用人单位承担工伤保险责任,但原用人单位与借调单位可以约定补偿办法。

第四,企业破产的,在破产清算时优先拨付依法应由单位支付的工伤保险待遇费用。

第五,职工被派遣出境工作,依据前往国家或者地区的法律应当参加当地工伤保险的,参加当地工伤保险,其国内工伤保险关系中止;不能参加当地工伤保险的,其国内工伤保险关系不中止。

9. 如何参加基本医疗保险?

医疗保险是指由用人单位和个人共同缴纳规定费用,当投保人生病或者受到伤害后,由国家或社会向其提供医疗服务或经济补偿,以解决劳动者因为患病或受伤害所带来的医疗风险。根据我国的相关规定,在国家机关、事业单位、社会团体和各级各类国有及民办企业中工作的职工都可参加医疗保险,同时各省还可以自主决定是否将个体工商户纳入基本医疗保险的范围。

进城务工者参加基本医疗保险问题,全国并没有统一的规定。目前已有北京、上海、河北等省、市明确规定,将进城的农民工纳入医疗保险范围。纳入保险范围的农民工,加入保险的手续一般由用人单位负责办理,先到医疗保险的经办机构办理基本情况登记,然后由经办机构根据登记情况为投保的务工者建立基本医疗保险个人账户,该个人账户记录了投保人的所有相关信息,剩下的工作就是缴费了。医疗保险所需费用由用人单位与劳动者按照一定的比例共同负担,用人单位在务工者的工资中直接扣除务工者应缴部分连同单位应付的部分一起缴纳给医疗保险的经办机构。按要求缴纳了保险费之后就可以享受国家的基本医疗保险待遇了。

10. 参加养老保险有什么好处？

养老保险是国家和社会为了保障劳动者因年老丧失劳动能力或达到规定的解除劳动义务的年龄界限,退出劳动岗位之后的基本生活而建立的一种保险制度。养老保险在一定的人群范围内带有强制性,其目的是为老年人提供生活来源,满足其基本生活需要,要在劳动者离开劳动岗位后才起作用。

参加养老保险也是在相关机构办理登记之后,按时缴纳保险费即可,且职工缴纳的保险费由用人单位直接从工资扣除,不需自己去单独特意缴纳,非常方便。按照目前的养老保险制度的规定,企业和职工共同缴纳的保险费共相当于职工工资的25%左右,但由劳动者负担的在8%以下。养老保险与医疗保险、工伤保险有所不同,就是养老保险将来都要以养老金的方式全部返还给劳动者的,所以进城务工者参加养老保险不仅能给自己的老年生活一份保障,在经济上也是非常划算的。同时我国法律也规定参加基本养老保险是进城务工者的权利,所以务工者不仅要自己积极参加社会保险,还要督促企业参加养老保险,监督企业按时交费,如果企业违反规定可以向相关部门投诉。

11. 什么是个人账户和社会统筹？

我国现行的社会保险制度规定养老保险和基本医疗保险都实行社会统筹与个人账户相结合的模式。那么究竟什么是社会统筹与个人账户呢？

简单来说,个人账户就像投保人的银行存款账户一样,账户里的钱都是投保人的,投保人可以按规定存入和使用。社会统筹就是把纳入统筹部分的资金收上来之后放在一起,不管是从谁那里收取的都不放在个人名下,而是要按规定统一使用。

具体来说,养老保险和医疗保险中的社会统筹和个人账户虽然意义一样,但使用起来却还是有不少差别的。养老保险中的个人账户可存可取,只不过在存入和领取的规模和时间方面有着严格的限定,存入时用人单位和投保职工要以投保人工资的一定比例按月缴纳,领取一般是在劳动者退休或者离休之后,也可以在劳动者离职或者与用人单位解除劳动关系时申请一次性领取,如果投保人出现意外死亡,还可以由其家属继承。养老保险的统筹基金可以超支,在劳动者将个人账户里的钱领完之后可以继续从统筹基金中领取,直至劳动者死亡为止。但是医疗保险个人账户的资金可以使用,但不可取出,和养老保险一样,可以继承。医疗保险的统筹账户资金,只有在参保者遇大病需要住院治疗时,方可享受报销部分待遇,但有报销限额限制。

12. 参加基本医疗保险后如何就医?

关于医疗保险的参保规定和保险待遇,虽然基本原则都是相同的,但其具体规定在不同地区往往有很大的差别。务工者一定要多了解一些本地的具体规定,以免使自己遭受不应有的损失。

将各地的规定归纳起来,我们建议参保的务工者在生病或者遭受意外伤害就医时,一定要注意以下几点:①除了急诊和按照规定转院、转诊外,必须到当地医疗保险机构确定的定点医疗机构就医,否则其医疗费一般不能报销;②购买药品要去医疗保险机构定点的零售药店,否则其药费一般不能报销;③因吸毒、打架或其他违法行为进行治疗的,因酗酒、自残、自杀等行为造成伤害的,因交通事故等责任事故造成伤害的,即使参保一般也不能享受医疗保险待遇;④投保人的门诊医疗费主要在自己的个人账户中支付,不足支付的,按其所在省(自治区、直辖市)的规定,有的由个人承担,有的可从统筹基金支付;⑤住院医疗费属于国家规定的报销范围的,个人在分段标准内承担其自担部分,其余部分由统筹基金支付;⑥可以报销的医疗费用超过封顶线以上的部分,由大病医疗救助和企业保险帮助解决。

13. 如何办理养老保险关系的转移?

一般来说,进城务工农民的工作是极为不稳定的,工作流动、频繁的更换务工企业和务工地的现象十分普遍,但参加养老保险之后就必须连续稳定足额的交费才能得到全部正常的养老保险待遇,这就涉及到一个养老保险关系的转移问题。

根据劳动部的相关政策规定,职工在同一统筹地区内流动时只转移个人账户档案和基本养老保险关系,不转移基金。所谓统筹地区就是指养老保险社会统筹的范围,在这个范围内,养老保险基金由社会保险经办机构统一管理和协调。当职工跨统筹地区流动时,可以有两种解决办法。一种是同时转移个人账户档案、基本养老关系和养老保险个人账户基金;另一种是并不转移养老保险关系,而是一次性领取养老保险个人账户里的资金。我们觉得除非特殊情况,例如急需用钱、出国等,最好不要选择一次性领取个人账户资金的办法,因为选择一次性领取资金时,领取的只是个人账户中的个人缴费部分,在经济上是不划算的;另外如果一次性领取了资金,那所缴纳的养老保险费也就和银行存款没有什么区别了,违背了参加养老保险以使老有所养的初衷。

14. 如何申领养老保险金?

如果务工者达到领取养老保险金的年龄(即男年满60周岁,女年满55周岁),且缴纳养老保险费达到规定年限,即可申领养老保险金。根据劳动部的相关规定,当职工离退休时,职工所在单位应首先填写《离退休人员增减情况变化表》和《职工增减情况变化表》等资料,报送当地社会保险经办机构审核,社会保险经办机构在审核相关的报表之后,按规定支付基本养老保险金。

个人缴费年限累计满15年的,退休后按月发给基本养老保险金;个人缴费年限累计不满15年的,退休后不享受基础养老保险金,其养老保险个人账户储存金额一次性发给本人。基本养老保险金由基础养老保险金和个人账户养老金两部分构成,基础养老金标准为所在省(自治区、直辖市)上年度平均职工工资的20%,个人账户养老金标准为个人账户储存额除以120。

七、未来发展的谋划

1. 如何正确判断自己的未来方向？

在城市里工作一段时间后,有的挣了钱,有了一定的经济实力;有的学到了一门或几门技术。接下来是继续打工还是自己做老板,是求学深造还是回乡创业,以后的路怎么走？需要务工者正确判断自己的未来方向。一般来讲,和开始找工作时一样,首先要正确判断自己目前的条件,即你攒的钱的多少、对技术的掌握程度、有没有管理经验和求学的基础等。其次是了解在城市里和回乡创业所需资金的多少,各自需要哪些条件约束,又有哪些政策支持,有哪些求学机会等。最后确定自己的发展方向。如果掌握了熟练的技术,也有了一些积蓄,而且你掌握的技术和项目也适合回乡办厂,那么,回乡创业是比较好的方向。因为回到家乡创业办厂,既能为下岗职工和农民提供更多的就业岗位,又加快了地方经济发展,各地方政府会在政策上支持你,而且对家乡的风土人情更熟悉,这也有利于创业。

外出靠勇气,回乡靠实力。要想回乡创业,需要练就回乡创业的本领,全面提高自身素质。第一要肯吃苦,善钻研。在生产中掌握技术,在实践中学习驾驭市场的本领,注重积累有关方面的知识和资金。第二要勤思考,善应用。平时注意学习成功人士的思维方式、行为动态,总结他们的成功经验,在工作中大胆地为我所用。第三要巧沟通,善展示。以农民工应有的质朴和诚信,赢得老板的信任,并注重同他们沟通情感,向他们宣传家乡的优惠政策、投资环境,争取他们对自己回乡创业的支持,或动员他们一同来家乡投资办厂。

2. 理想和现实的矛盾如何协调?

走出家乡,在城市开始打工生活,免不了有很多苦恼和不如意的地方,很多时候都觉得和想象的城市打工生活相差太远,也常常会发这样的牢骚:"为什么老天爷这么不公平?""人跟人之间的关系怎么会这样?"等等。除了理想和现实不相符之外,还有一种失落感,出门时豪情万丈,期待自己出来后能有一番作为,但是到了城市却发现处处不如人意,不仅没法"干一番大事业",甚至连找一份工作都很难。面对理想与现实的这种冲突,应该怎么办?心理学家认为,人的一生是由一系列逐渐发展的危机构成,要成长为一个独立的、有成就的成年人,必须一一经过这些危机阶段。换句话说,务工者进城以后面临的处境,就是一种危机,生存危机也好,发展危机也好,都是考验和磨练自己的机会。在解决危机的过程中,务工者必须能够逐渐的认识自己,适应新的环境,摆正自己在社会中的位置。这个过程如能成功,就会成为被社会接纳的人,培养出一个自信的自我和成熟的性格,在社会中寻找到自己恰当的位置,成功的事业和人生就等于有了一个良好的开端。

另外,必须认识到理想和现实的冲突,其实是个人与社会的冲突。社会现象是全社会的人共同的行为造成的,靠一个人的力量无法改变它,只能去适应它。况且个人的感受也不一定都是正确的。因此,不如先反省自己身上不适应环境的东西,改变自己性格中的一些因素,去适应这个社会。比如,在农村,人们常常讲"合乎情理",父债子还是合乎情理的事,但这却是不合法的,法律没有规定父亲欠的债要由儿子来还。城市的一切行为都要求遵守法律和规范,而不是"情理"。

打工者在城市工作的过程中,要学会适应各种变化,无论是初到异乡的艰苦和孤独,还是工作中遇到的挫折和痛苦,以及感情上遇到的危机和折磨,都要勇敢地去面对,决不能怨天尤人。

此外,面对一些无法解决的心理困惑,还可以向自己的好朋友、家人和老师倾诉,因为倾诉可以减轻心理上的压力,有助于解决困难。

3. 城镇能否成为你的最终归宿?

所谓归宿,指的就是安家立业,有长期的属于自己的住处,有稳定的工作和生活经济来源。作为一个在外地打工的人,你的归宿是不是就一定会在城市呢?

根据我国目前的情形来说,打工者在城市安家立业也是可能的,但是却面临着很多阻力因素,这些阻力因素主要来源于这样几个方面:一是在城市里要想有一个长期的住所困难很大,因为城市的房价都比较高,对多数打工者来说都超出了个人所能承受的范围;二是户口限制,这是我国长期的户籍制度造成的结果;三是在城市里找到一份长久稳定的工作也很难,很多打工者的工作都是短期的,而且风险很大;四是即使在城市中安家立业了,子女的教育和医疗也会受到户口限制。从我国目前的情形来判断,要克服这些阻力因素还需要很大的努力。

客观地说,打工者确实为城市发展做了很大的贡献,但城市不能接纳所有的打工者。只有那些刻苦努力、勤于思考、懂得如何寻找机会和把握机会的人,才能克服所有的阻力,在城市安家立业。

城市接纳劳动力的程度有限,当进城打工的人数超过了城市可接纳的劳动力容量,劳动力供大于求的时候,必然会出现找工作难的问题,有些人只好过起流浪生活,甚至走上犯罪的道路,耽误自己的一生。因此,一般打工者的"归宿"还是应该在自己的家乡。因为在家乡,你所拥有的资源最多,感情上的、人际关系上的、经济方面的、风俗习惯等等,都为你安家立业提供了一个熟悉的环境。

在现实生活中,由于每个人的情况不同,可能要做出不同的选择。因此,每个人可以根据自己的情况,认真考虑,谨慎地做出选择。

4. 要想成为一个城里人应具备哪些条件?

(1)要在城里有长期、稳定的工作 这是农民变成城里人的前提条件。只有在城里有长期稳定的工作,才能有稳定的收入和生活来源,才能在城市里长期生活下去。

(2)要在城里有自己的住房 住房就是构成"家"的基本物质前提。住房是自己的,就会很自然地感觉到自己在城市"安家"了,才会有家的感觉。

(3)生活方式的改变 这种变化是随着职业和生活环境的变化而潜移默化地发生的。比如"日出而作,日落而息",要改变为按钟点上班下班;逢年过节的大吃大喝要改变为周末的日常伙食改善;十天半月去赶集买货要变成随时可以去逛商场;业余生活打扑克搓麻将要变为去公园、文化馆或者电影院等等。

(4)思想观念的改变 外在的生活环境和生活方式的变化,与内在的思想观念的变化,是相互影响的。要想成为一个真正的城里人,就要在思想观念上实现适应新环境的转变,在人生的发展、信仰、婚姻观念、伦理道德观念、公德意识、市场意识等等方面都要有新的变化,相信科学,依靠法律维护自己的权益等等。这样才能成为一个真正的城里人。

(5) 户口的改变 户口的改变,仅仅是成为城里人的一种标志,但是在我国目前的户籍制度下,这种标志还是非常必要和重要的。从目前的实际情况来看,通过个人的努力取得城市户口有这样几种途径。

第一,通过个人努力学习,取得大学、硕士或者更高的学历,现在很多城市都不限制这些具备较高学历的人才进城落户。

第二,通过婚姻关系,和城里人结婚可以享受进城落户的优惠。

第三,通过在城市投资或购房,这需要具备一定的资金实力和个人能力。

有些城市正在逐步放开户籍限制,从户籍制度发展的趋势来看,农民成为城里人将会越来越容易。

5. 回到家乡怎么办?

并不是每个到城市打工的人都能在城市找到归宿。那么,结束城市生活之后,回到家乡后怎么办呢?

经过城市几年辛苦的打工生活,挣了钱,家里债务还清了,房子建起来了,结了婚,有了孩子,是不是就应该满足了?不是"知足常乐"吗?但是在这个瞬息万变的现代社会里,"不知足"才是前进的动力,是改善生活的动力。如果你就此停住脚步,那么不仅虚度了大好青春时光,也浪费了你在城市中积累起来的宝贵财富——经验和技术。

实际上,外出打工获得的不仅仅是金钱,还应该有历经磨练的坚强毅力，开阔的视野以及丰富的经验和技术。回到家乡的你，已经不再是当初走出家门的你，通过在外务工经商，开阔了视野，学到了本领，增长了胆识，提高了素质，你看待家乡的眼光应该是全新的，应该比别人更能发现机会，抓住机会，把握机会，利用已掌握的经验和技术在家乡干一番事业。

回乡种田或从事养殖业，尝试各种与农业有关的致富道路，也是一种创业。现在我们国家正在加大力度解决"三农"问题，各地出台了一系列利农政策，如2005年部分地区免征农业税，2006年全部免征农业税，提倡科技兴农，支持农业开发。有很多有文化的年轻人依靠科技发展特色农业，从土里刨出了"黄金"，不仅自己走上了小康道路，还带领乡亲们共同致富奔小康。甚至还有许多城市的下岗职工到农村去承包土地，发展特色种植和养殖业，发了大财。还有一些人带回了家乡缺乏的种养技术，选择了农业的规模化种植和畜禽、水产养殖业，在当地形成支柱型特色产业。

还有一些人回乡后选择了商业、加工业和服务业等，将创业的地点选择在人口集中的县城、小城镇、中心村，这既有利于促进农村工业化和城镇化，又能为当地的富余劳动力转移提供就业机会。

回到家乡，无论是继续从事农业，还是寻找新的行业，都是一种努力进取、追求更好生活的表现。怕就怕有些人从城市回乡以后，开始嫌弃自己的家乡，趾高气扬，看什么都不顺眼，连地也懒得去种，整天游手好闲，甚至染上一些吃喝赌博的不良习惯。这种行为，不仅是对自己不负责任，更是对家人不负责任的表现，过去所做的一切努力将会因此而付之东流。

俗话说"人挪活，树挪死"，回到家乡，叶落归根，但不能因此而"知足常乐"，还要继续努力，开创更加美好的生活。

6. 怎么才能"自学成才"？

年轻人的理想就是能够成才，而成才有两条基本的途径。一是通过学校教育成才，二是通过刻苦钻研自学成才。当然，走第一条路相对轻松一些，但并不是每个人都有机会，尤其是到城市打工的朋友，往往是因为错失了这个机会而外出打工的。走第二条路需要很大的勇气和毅力才能成功，所以走第二条路的人并不多，但只要在这条路上坚定地走下去，往往成就会更高。

自学成才的方式有这样几种。

一是在工厂里勤学苦干，注意观察和钻研，争取成为技术骨干。

二是学习技术，积累资金，培养自己的经营管理能力，自己创办企业。

三是发挥自己的业余爱好，成为专业的创作人员，如成为书法家、作家，还有的成了服装设计师。

要做到自学成才，还必须抓住三点。

一是立志成才。要"立长志"，坚定自己的志向；而不是"常立志"，一天一个想法，结果是哪一个都实现不了。

二是要向着目标努力，在机会到来之前做好准备。因为机遇只垂青于那些有准备的人。

三是要善于发现机遇，抓住机遇，机不可失，时不再来。

只要努力、坚持，自学成才的道路一样也可以成功。

7. 学到手的技术回到家乡还有没有用？

在城市打工，确实是一个学习技术的好机会。技术和百姓所说的"手艺"有所不同，手艺是小生产小作坊里的一种劳动技艺，比如剪纸的手艺，吹糖人、捏泥人的手艺，木雕的手艺等等；而技术则包含了更多科学的成分在里面，更多指的是科学技术，如车工技术、纺织技术、电工技术、修理技术等等。这些在城市里学到的技术，回到家乡以后还有用吗？

随着我国城市化程度的不断提高，城市对乡村的辐射逐渐扩大，农村也开始走上工业化道路，乡镇企业和个体私营企业在蓬勃发展，这些企业对技术人才的需求越来越大，要求越来越高。因此，如果你在城市里学到了技术，回到家乡一样可以凭着这门技术到地方企业就业，技术水平高的甚至可以担任厂里的技术骨干。另外一种用途就是，你掌握了一门技术，可以结合当地的资源，创办民营企业，开拓自己的事业。例如江苏省响水县六套乡女青年李爱红在无锡打工学得一手玻璃工艺制品的绝活，回乡后办起了响水县顺达玻璃厂，产品远销欧美、东南亚等地区，年创汇200多万美元，同时吸纳本地劳动力200多人，以实际行动带动乡亲增收致富，在当地有口皆碑（资料来源：中国农村劳动力转移培训网）。昔日的打工仔打工妹，变成了今日的企业老板，不仅自己得到了提升，还有益于当地的发展建设。

除此之外，在农村施展所学技术的机会还有很多。比如，如果你在城市里的修车厂工作，学到了修车的技术，而且你的家乡交通比较发达，有国道、高速公路经过，那么你就完全可以自己开办或者与他人合资开办一个汽车修理站、汽车配件商店，为来往的汽车服务，自己还可以赚钱。如果你在城市的发廊工作过，学习到一些理发、美容的技术，回到家乡一样可以在村、镇或县城开一个美容美发店，同样可以赚钱。假如你在城市里从事建筑行业，熟悉建筑技术及建筑队伍管理技术，那么回到家乡，你也可以组织一支建筑包工队，为家乡人建房造屋服务。此外,由于城市的各种技术大多在追赶世界先进水平或者在追赶时代潮流,如理发技术新潮、建筑风格多样性等,这些都会成为你独特的竞争优势,促进你做出更优秀的工作成绩。所以说,只要有技术、有勇气、有魄力,家乡同样是你施展才华、开创事业的地方。

8. 少投资也可以挣钱的职业有哪些?

如果你的手头有一些积蓄,并打算用这些积蓄作为投资,做一点小生意,那么,这里就介绍一些投资少、并能赚钱的职业,供你参考。

(1) 旧书专营店 许多城镇家庭由于住房拥挤,或者是搬入新居,便将家中很多书刊作为废品卖掉。这时,你可以上门收购这些旧书,其中,很多书因为不再出版成为难得的珍贵书刊。然后开设一个专门卖旧书报的小店,将收购来的图书卖给特别需要的顾客,同时也可以兼营书籍出租业务,收取一定的租金。

(2) 开办小吃店 你可以到某个小区,租下一个小店面,稍作装修,购买一些餐具餐桌,你的小吃店就可以开张了。这是个投资不大、又好经营的职业。

(3) 开办理发店 虽然现在美容美发的店铺极多,但仍有许多人喜欢到一些小的理发店理发,比如老人、小孩和收入不高的青年,以及许多外地来的打工者,一般都选择这种小店。所以,你只要有这方面的技艺,待人热情诚恳,那么,租间小面积的店面,添置些必要的工具,就可以营业了。

(4) 开办鲜花店 在现代城镇中,很多人走亲访友用鲜花做礼物,生日、节日、婚礼、聚会甚至探望病人,都要送束赏心悦目的鲜花,而这类店铺的开设并不需要多大的投入。

(5) 开办杂货店 有些大城镇的居民区离商业区的距离相当远,人们有时不得不为了一点小小的东西就跑一趟商场,这样既浪费时间,又浪费金钱。所以,找准位置,开一个小杂货店,出售一些日常必需品,也是个投资少、收入较好的职业。

除此之外,成立小型的搬家公司、中介服务公司,或者办社区托儿所、洗衣店等都是投资少,见效快的就业机会。但是,千万别忘了开店要到当地工商行政管理部门办理营业执照。

9. 务工成功的典型事例

进城务工成功的事例不少,这里列举几个,供打工的朋友们参考,看看他们(她们)是怎样成功的,从中学习经验、吸取教训。

(1) 自学成才、奋斗不息的张福龙 在南京打工的张福龙,在收购废品时,发现了电影院招聘勤杂工的广告,他不顾自己根本不符合招聘条件的情况,勇敢地去面试,终于以认真的精神和纯朴的本色感动了经理,得到一份勤杂工的工作。开始工作后,他发现自己和城里人在知识上和素质上的巨大差距,于是就开始自学。他识字不多,那就靠《新华字典》帮忙,一边认字,一边学习人文地理知识。在繁重的工作之余,他从向懂韩语的人请教开始,学习了韩国语;后来又到当地的语言进修学院自费学习了日语。这个时候,他辞掉了勤杂工的工作,因为工作会影响他学习的时间。没有生活来源怎么办?他一边在夜校学习,一边收购废品挣钱交学费、维持生存。有一次实在没有钱了,他就到医院卖血换取学费。功夫不负有心人,张福龙终于拿到了日语二级证书,找到了令人羡慕的工作。工作一段时间之后,他萌生了到日本留学的想法。之后,他就又辞掉了工作,攻读日语高级证书,学成之后,终于有机会赴日本留学,成了很多大学生都佩服的对象。

这是一个自学成才的例子。张福龙不仅有恒心、有毅力,而且有眼光,所以能够找到一条成功的道路。

(2)埋头写作,打开自己的天空的安子　山区姑娘安子,初中毕业后到广州打工,先后在工厂的流水线、宾馆的前台、写字楼接线员等岗位工作过,而在工作的业余时间,她参加了大专函授学习,最终拿到了大专文凭。由于自己爱好文学写作,在拿到文凭之后,她开始文学创作,而且根据自己的工作经历,写出了一鸣惊人的打工纪实作品——《青春驿站》。成名之后,她又陆续在深圳特区的报纸和电台担任专栏作者,找到了安子自己的一片天空。

安子虽然放弃了学校的学习,但是却没有放弃自学,也没有放弃自己的爱好和特长。她不仅自己成功了,而且还利用自己的经历写出文学作品,吐露了很多打工朋友的心声,帮助不少人度过和解决了心理危机。

(3)众志成城,回乡创业的王绍俭　湖南省怀化市的王绍俭,在很多地方从事过很多种工作,后来在广西从事爆破作业,挣了一些钱。某年中秋节,他在广西的市场上花10多元钱买了两个石榴,心里想,这东西这么贵,卖者肯定赚钱不少。于是自己就开始了解石榴市场信息,以及石榴品种、种植技术等信息。后来,他回到自己的家乡,承包了6公顷多地,到陕西购买了优良品种的石榴苗木,开始搞石榴种植。在这个基础上,他又种植礼品西瓜、优质草莓和优质葡萄等当地没有种植过的特色水果,所以到市场上卖的价钱也高。很快他就成了当地小有名气的富翁,也成为当地科教兴农的科技带头人。

王绍俭的成功不仅仅是因为他选择了一条正确的致富之路,在外打工的十多年经历让他的视野开阔了,看问题的角度也不同了,所以能够从千变万化的市场中发现有用的信息。如果是一个普通的农民,在城里看到那么贵的水果,可能只想到"太贵了,买了不值",或许也能想到自己种,但是并不一定能够像王绍俭这样成功。所以说,在城市打工是一种难得的经历,它带来的不仅是金钱,还有更多的无形的财富。

(4)学习技术,回乡发展的温世林 温世林是江西省赣南革命老区的一个普通农民,十多年前,他和同乡们一起去了广东一家家具厂打工,一干就是七八年,成了厂里的技术骨干。3年前,他决定不再去广东,而在家乡南康市金鸡岭开发区办起了一个小型的家具厂,一期投资150万元。如今,温世林的家具厂已经初具规模,厂里生产的家用和办公用家具已经打入赣州、南昌、广州等大中城市。目前他又开始在筹备一条真皮沙发生产线。

温世林说,他之所以选择回乡创业,主要原因有两个:一是想圆一个"老板梦";二是觉得家乡好施展本事,也确实有用武之地。他说:"虽然广东那家厂子的老板一再挽留我,并且许诺提拔重用,但在别人眼里我始终是一个'外乡人'、'打工仔',而单凭自己积攒的几十万元想在广东办厂显然是不现实的,地租、房租什么都贵。这时候恰好碰上家乡政府鼓励和扶持回乡创业,于是就回来了"。

近年来,在外出打工的人比较多的地方,出现了一个新的转变:各级政府由鼓励农民外出打工,转变为吸引打工人员回乡创业,为此还制定了很多优惠政策和措施。还有一些地方提出了变"打工潮"为"创业潮"的口号。因此,打工仔利用自己在城市打工学到的技术,纷纷回乡创业,既开拓了自己的事业,也为家乡的发展贡献了一份力量。

(5)勇于接受挑战,在战胜困难中成长的何宗素 广东省东莞市仙璘电子有限公司总经理何宗素,也是一个从"打工妹"成长起来的成功人士。

年轻时,为了家人,她选择了一次不幸的婚姻,后来又毅然解除了这次婚姻,加入了南下打工的行列,在一家制衣厂先后作过保姆、管工、业务员,一年多以后,厂子因为管理不善破产了。何宗素以一种踏实的心态和拓荒的精神回到了江西故里,和朋友合伙投资在家乡办起了装潢公司,刚刚有了发展的时候,因政策有变而关门停业,她血本无归。她也曾经因为挫折痛哭过,但是并没有向命运低头,而是勇敢面对厄运的挑战,重新踏上了南下的火车,进了一家电子厂做装配工。

在电子厂,凭着她的执著追求,踏实的工作,刻苦的学习,很快由员工升为班长,不久又晋升为组长,一年后破格提拔为科长。她重任在肩,一边勤奋努力不折不扣地干好本职工作,一边利用业余时间虚心向同事请教,很快学会了电子方面的英文常识,同时又学会了后勤管理、质量检验、财会知识,几乎精通公司全盘业务,深得老板的赏识和信任,更受到全体员工的尊敬。

一位台商来大陆投资办电子厂,经人介绍认识了何宗素,对她极为赏识,破例邀请她合作,由她负责担任大陆公司的总经理,负责大陆公司的一切事务。这个公司在亚洲金融风暴中遭到了几乎致命的打击,何宗素面临着又一次挑战。她没有气馁,想出各种办法应对危机,最终在各方朋友的协助下,重新开办了自己的"仙璘电子有限公司",而且经营搞得有声有色,企业管理已经通过了ISO9002认证。

对于何宗素而言,几经挫折,几经挑战,跌倒了,爬起来。也正是在这样的磨难中,锻炼了她的勇气和胆识,才能有今天的成就。还有,她不管身在何处,都刻苦努力,追求上进,使得她能够一步一步地走向辉煌。

(6)将废罐熔为"合金",利润倍增的马兴全 进城务工的湖南农民马兴全靠收废品为生,本来以为这是个又脏又累的活,但是没有想到"同行"还真多,有时候为了几张旧报纸、啤酒瓶还大打出手,想靠此挣点钱也非常不易。

一天,马兴全突发奇想:收一个易拉罐才赚4分钱,但是铝锅、铁锅却要值钱得多。如果将易拉罐熔化了,作为金属来卖,能卖多少钱呢?应该比直接卖易拉罐强吧。马兴全虽然只有初中文化,但是有着一股"想到就去做"的冲劲。接下来一个星期,他就把收购到的200多个易拉罐剪碎,请一位打铁的老乡将其熔化成银灰色金属块。这到底是什么东西呢?真的能多赚到钱吗?现在城里人不是流行鉴定吗?俗话说,"舍不得孩子套不到狼",他咬咬牙决定也去做个鉴定。于是取出其中的一小块,花了近600元钱到长沙市有色金属研究所做了检验。结果出来了,这是一种贵重的铝镁合金,当时市场价格为1.5~1.8万元1吨,每个空易拉罐重18.5克,5.4万个可熔化为1吨铝镁合金,卖熔化后的材料比直接卖易拉罐要多赚五六倍的钱。马兴全大胆设想,勇于实践,从收购易拉罐到熔炼易拉罐,点"废"成"金",找到了一条致富之路。

(7)将树根做成艺术品的邹文 在湖南省湘南地区有个男青年,名叫邹文,高中毕业后因几分之差没能考上大学,就在镇市场管理处谋了个治安员的工作。年轻人闲不住,邹文经常喜欢四处逛逛。他发现镇周边村舍还有不少老农仍用柴火煮饭炒菜。邹文无意中发现这些树枝千奇百怪,非常有趣。他想:如果我把这些奇形怪状的树枝加工成不同形状的艺术品卖,也许能够赚些钱。以前他在学校里就很喜欢素描和根雕,有时还帮同学刻个印章什么的,大家都夸他手艺不错呢。现在,这个爱好和手艺又派上了用场。他运用自己丰富的想象力,把一个个树根雕刻成一件件艺术品:神舟五号发射、女排奋力拼搏、金猴九天揽月等等。

邹文的家乡盛产黄花菜(又叫金针菜),每年南来北往的客商川流不息。邹文在镇上办起了根雕艺术展室,白天在镇市场管理处上班,晚上在根雕艺术展室经营。因为前来购买黄花菜的客商等待黄花菜收购、打包、装车,需要两三天,闲来无事,他们就会在镇上逛逛。相对于镇上清一色的农产品商店、百货店、五金店来说,邹文的根雕艺术展室独树一帜,特别引人注目。由于经营有特色,客商买走了一件又一件艺术品。邹文觉得这是个不错的经营项目,就辞去了治安员的工作,一心一意搞根雕,月收入达到 2 000～3 000 元,比有些乡亲一年的收入还高。前不久,邹文被县里评为"模范致富青年"(资料来源:中国农村劳动力转移培训网)。

附录 1

国务院办公厅"关于做好农民进城务工就业管理和服务工作的通知"

国办发[2003]1号

各省、自治区、直辖市人民政府,国务院各部委、各直属机构:

党中央、国务院高度重视农民进城务工就业问题,各地区、各有关部门也为促进农民工的合理流动,采取了多种措施,做了大量工作。但是当前在一些地方,农民进城务工就业仍然受到一些不合理限制,农民工的合法权益得不到有效保护,拖欠克扣工资、乱收费等现象严重。同时,农民进城务工就业使社会治安、城市管理等工作面临新的问题。为加强对农民进城务工就业的管理和服务,经国务院同意,现就有关问题通知如下:

一、进一步提高对做好农民进城务工就业管理和服务工作的认识

农村富余劳动力向非农产业和城镇转移,是工业化和现代化的必然趋势。农民进城务工就业,促进了农民收入的增加,促进了农业和农村经济结构的调整,促进了城镇化的发展,促进了城市经济和社会的繁荣。做好农民进城务工就业管理和服务工作,不仅有利于促进国民经济持续快速健康发展,而且有利于维护城乡社会稳定。

各地区、各有关部门要认真学习和领会党的十六大精神,全面贯彻"三个代表"重要思想,充分认识做好农民进城务工就业工作的重要意义,把农民进城务工就业工作列入重要工

作日程,在国民经济和社会发展计划中强化政策引导,切实加强领导,按照公平对待、合理引导、完善管理、搞好服务的原则,采取有效措施,全面做好农民进城务工就业管理和服务的各项工作。

二、取消对农民进城务工就业的不合理限制

各地区、各有关部门要取消对企业使用农民工的行政审批,取消对农民进城务工就业的职业工种限制,不得干涉企业自主合法使用农民工。要严格审核、清理农民进城务工就业的手续,取消专为农民工设置的登记项目,逐步实行暂住证一证管理。各行业和工种尤其是特殊行业和工种要求的技术资格、健康等条件,对农民工和城镇居民应一视同仁。

在办理农民进城务工就业和企业用工的手续时,除按照国务院有关规定收取的证书工本费外,不得收取其他费用。严禁越权对农民工设立行政事业性收费项目,提高收费标准。各级物价、财政部门要严格检查、督促落实,防止变换手法继续向农民工乱收费。

要严格执行《城市流浪乞讨人员收容遣送办法》的规定,不得将遣送对象范围扩大到农民工,更不得对农民工强制遣送和随意拘留审查。

三、切实解决拖欠和克扣农民工工资问题

用人单位必须依法与农民工签订劳动合同。劳动合同中要明确规定劳动合同期限、工作内容、劳动保护及劳动条件、劳动报酬和违反劳动合同的责任等内容。其中有关劳动报酬的条款,应明确工资支付标准、支付项目、支付形式以及支付时间等内容。劳动合同履行期间,农民工享有《劳动法》规定的各项权利。解除劳动合同,用人单位应当依法支付经济补偿金。

劳动保障部门要加大对农民工劳动合同的监督检查力度，及时受理劳动合同纠纷。对不与农民工签订劳动合同、采取欺诈和威胁等手段签订合同，以及不履行合同的用人单位，要责令其纠正；对农民工合法利益造成损害的，要责令其进行赔偿；造成严重后果的，要依法严肃处理。

用人单位必须以法定货币形式支付农民工工资，不得以任何名目拖欠和克扣。劳动保障部门要加强对用人单位工资支付情况的监督检查，建立农民工工资支付监控制度。对拖欠和克扣农民工工资的用人单位，要责令其及时补发，不能立即补发的，要制定清欠计划，限期补发。对恶意拖欠和克扣工资的企业，涉嫌犯罪的，移交司法机关依法严肃处理。企业在依法破产、清偿债务时，要按照《企业破产法》的规定，把拖欠的农民工工资纳入第一清偿顺序。

各级建设、劳动保障等有关部门要重点做好对建筑施工企业拖欠和克扣农民工工资违法行为的查处工作，严厉打击恶意拖欠、克扣农民工工资的违法行为。因建设单位拖欠施工企业工程款，致使施工企业不能按时发放农民工工资的，要追究建设单位的责任；施工单位拖欠农民工工资的，要追究施工单位的责任。

四、改善农民工的生产生活条件

各地区、各有关部门要高度重视农民工的生产安全和职业病防治问题。使用农民工的单位，必须按照国家标准和行业要求，为农民工提供必要的安全生产设施、劳动保护条件及职业病防治措施。从事矿山、建筑和危险物品生产经营作业的农民工上岗前必须依法接受培训。要严格执行安全生产规章制度，加大生产安全监察工作力度，严防重大生产安全事故的发生。要做好将农民工纳入工伤保险范围的工作。发生生产安全事故要严格追究事故责任人的法律责任,并保证在事故中受到损害的农民工依法享有各项工伤保险待遇。

要关心农民工的生活,切实解决他们的实际困难。卫生部门要做好农民工的计划免疫和健康教育工作,建立农民工集中居住地的环境卫生和食物安全检查制度,严防发生群体疫病传染和食物中毒事件。用人单位为农民工安排的宿舍,必须具备一定的卫生条件,并保证农民工的人身安全。在农民工居住较集中的地段,当地政府应提供必要的基础设施,改善公共交通和环境卫生状况。有条件的地方可探索农民工参加医疗保险等具体办法,帮助他们解决务工就业期间的医疗等特殊困难。

要认真贯彻落实《禁止使用童工规定》。依法保护女工的合法权益。严厉惩处各种污辱农民工人格、侵害农民工人身权利的违法行为。

五、做好农民工培训工作

各地区、各有关部门应把农民工的培训工作作为一项重要任务来抓,结合实际,制定专门的培训计划,提高农民工素质。流出地政府在组织劳务输出时,要搞好农民工外出前的基本权益保护、法律知识、城市生活常识、寻找就业岗位等方面的培训,提高农民工遵守法律法规和依法维护权益的意识。流出地和流入地政府要充分利用全社会现有的教育资源,委托具备一定资格条件的各类职业培训机构为农民工提供形式多样的培训。为农民工提供的劳动技能性培训服务,应坚持自愿原则,由农民工自行选择并承担费用,政府可给予适当补贴。用人单位应对所招用的农民工进行必要的岗位技能和生产安全培训。劳动保障、教育等有关部门要对各类培训机构加强监督和规范,防止借培训之名,对农民工乱收费。

六、多渠道安排农民工子女就学

要保障农民工子女接受义务教育的权利。流入地政府应采取多种形式,接收农民工子女在当地的全日制公办中小学入学,在入学条件等方面与当地学生一视同仁,不得违反国家规定乱收费,对家庭经济困难的学生要酌情减免费用。要加强对社会力量兴办的农民工子女简易学校的扶持,将其纳入当地教育发展规划和体系,统一管理。简易学校的办学标准和审批办法可适当放宽,但应消除卫生、安全等隐患,教师要取得相应任职资格。教育部门对简易学校要在师资力量、教学等方面给予积极指导,帮助完善办学条件,逐步规范办学,不得采取简单的关停办法,造成农民工子女失学。流入地政府要专门安排一部分经费,用于农民工子女就学工作。流出地政府要配合流入地政府安置农民工子女入学,对返回原籍就学的,当地学校应当无条件接收,不得违规收费。

七、加强对农民工的管理

流入地政府要高度重视流动人口的治安管理工作。公安部门要及时为进城务工就业农民在现居住地办理暂住户口登记和暂住证。使用农民工的单位和农民工现居住地的社区组织,要实行治安管理责任制,密切配合公安机关对农民工进行遵纪守法教育,最大限度地预防和减少农民工的违法犯罪行为。要把农民工及其所携家属的计划生育、子女教育、劳动就业、妇幼保健、卫生防病、法律服务和治安管理工作等,列入各有关部门和社区的管理责任范围,并将相应的管理经费纳入财政预算,严格禁止向用工企业和农民工摊派。要运用多种形式,特别是发挥新闻媒体的舆论监督作用,引导社会正确对待和尊重农民工,鼓励他们自律自重,积极向上。

流出地政府要主动做好对外出就业农民的管理,向流入地政府通报有关农民工身份、计划生育、子女教育等方面的真实信息。要贯彻中央关于农村家庭承包经营的基本政策,稳定土地承包关系,不得强行收回外出务工就业农民的承包地。支持和鼓励外出农民工自愿、依法、有偿转让承包地使用权,保护农民工的权益,维护农村社会的稳定。要严格执行国家的农村税费改革政策,不得在规定承担的有关税费外,向外出务工的农民加收其他任何费用。

农民进城务工就业管理和服务工作涉及多个方面,各地区、各有关部门要加强协调配合,结合当地社会经济发展,制定农民进城务工就业的具体管理办法和服务措施。近期,要集中对涉及农民进城务工就业的不合理规定进行清理,并针对克扣和拖欠工资等突出问题组织一次专项检查,确保各项政策措施的落实。

附录2

国务院办公厅"关于进一步做好改善农民进城就业环境工作的通知"

国办发[2004]92号

各省、自治区、直辖市人民政府,国务院各部委、各直属机构:

农民有序进城就业,对于促进农村富余劳动力转移,增加农民收入,满足城市劳动力需求,统筹城乡发展,都具有重要意义。党中央、国务院高度重视改善农民进城就业环境工作,《国务院办公厅关于做好农民进城务工就业管理和服务工作的通知》(国办发〔2003〕1号)下发以来,各地区、各有关部门做了大量工作,农民进城就业的环境不断改善,但目前仍存在一些亟待解决的问题。主要是农民进城就业管理服务制度建设滞后,城市公共职业介绍、培训服务还不能满足农民进城就业的需要,一些不法分子以职业介绍为名坑骗农民工钱财的违法犯罪活动时有发生,农民进城就业收费多、手续繁的问题有待进一步解决,部分行业和企业拖欠农民工工资、侵害农民工权益等问题仍然比较突出。为进一步改善农民进城就业环境,维护农民工合法权益,经国务院同意,现就有关问题通知如下:

一、进一步做好促进农民进城就业的管理和服务工作

(一)清理和取消针对农民进城就业等方面的歧视性规定及不合理限制。各地区、各有关部门要继续清理对企业使用农民工的行政审批,取消对农民进城就业的职业工种限制,不得干涉企业自主合法使用农民工。要严格审核、清理农民进城就业的手续,取消专为农民工设置的登记项目,实行暂住证一证管理。各行业和工种尤其是特殊行业和工种要求的技术资格、健康等条件,对进城就业农民和城镇居民要一视同仁。各地教育部门和学校对进城就业农民子女接受义务教育,在入学条件等方面与当地学生同等对待,不得违反国家规定乱收费。要推进大中城市户籍制度改革,放宽农民进城就业和落户的条件。要研究进城就业农民的住房问题。

(二)开展有组织的劳务输出。要充分调动政府职能部门、农村基层组织和社会各方面的积极性,整合乡镇劳动保障、农业、乡镇企业管理等部门在促进农村劳动力转移就业方面的职能作用,形成合力,发展有组织的劳务输出。劳动力输出数量较大的地区,应成立劳务输出工作领导小组。各地要统筹做好开拓劳务市场、收集发布劳务信息、培训劳务人员、组织劳务输出、协调劳务管理、提供劳务服务和法律咨询、维护农民工合法权益等方面的工作。要加强跨省劳务工作和乡镇劳动服务工作,积极建立劳务基地,大力发展劳务协作,通过订单培训、定向输出,提高农民外出务工组织程度。要制定扶持政策,规范发展劳务派遣组织,为农民进城就业提供职业介绍、培训、管理和维护权益"一条龙"服务。

(三)完善对农民进城就业的职业介绍服务。城市各级公共职业介绍机构要免费向农民工开放,积极为农民工免费提供就业信息和政策咨询,对求职登记的农民工免费提供职业指导和职业介绍服务。有条件的大中城市,要开设面向农民工的服务窗口或建立专门的服务场所,集中为农民工提供就业服务。要不断完善和充分利用现有劳动力市场体系,建立农村劳动力输出地和输入地信息对接机制,及时发布供求信息,为农村劳动力转移就业提供便捷、高效服务,引导农村劳动力有序流动。农民工免费公共就业服务所需经费,按财政部、劳动保障部、公安部、教育部、人口计生委联合下发的《关于将农民工管理等有关经费纳入财政预算支出范围有关问题的通知》(财预〔2003〕561号)规定执行。对基层财政困难,中央财政通过一般性转移支付渠道帮助解决。

(四)做好对农民工的咨询服务工作。大中城市要开通劳动保障电话咨询服务。要选派政治素质高、精通劳动保障业务和工作责任心强的工作人员担任电话咨询员。要建立规范快捷的咨询反馈流程,及时为农民工和其他劳动者提供服务。

(五)加强对农民进城就业的培训工作。地方各级政府要采取积极措施,引导和鼓励农民工自主参加职业教育和培训,鼓励用人单位、各类教育培训机构和社会力量开展农民工职业技能培训。要充分发挥各级劳动保障、农业、教育、科技、建设等职能部门和农村基层组织的优势,充分动员和利用社会各方面的职业教育培训资源,积极引导、鼓励和组织准备进城务工的农民参加职业技能和安全生产知识培训。继续实施好《2003~2010年全国农民工培训规划》,鼓励农民工自愿参加职业技能鉴定,对鉴定合格者颁发国家统一的职业资格证书。职业技能鉴定要尊重农民意愿,任何单位不得强制农民工参加收费鉴定。农民工培训经费由政府、用人单位和农民工个人共同负担。各级财政要在财政支出中安排专项经费扶持农民工职业技能培训工作。用于补助农民工培训的经费要专款专用,要让农民工直接受益。

二、切实维护农民进城就业的合法权益

(一)进一步解决拖欠农民工工资问题。劳动保障、建设等部门要在2004年基本解决建设领域2003年拖欠的农民工工资问题的基础上,加大工作力度,尽快抓紧解决2003年以前拖欠的建设领域农民工工资。对其他行业拖欠农民工工资情况也要进行清理,对恶意拖欠和克扣工资的企业,要依法处理并通过新闻媒体曝光。在清欠的同时,要落实最低工资制度,逐步建立工资支付监控、欠薪保障、企业劳动保障诚信等制度。

(二)加强劳动合同管理和劳动保障监察执法。要制订适合农民工就业特点的劳动合同文本,重点督促、指导使用农民工较集中的建筑、餐饮、加工等行业的用人单位依法与农民工签订劳动合同。各级劳动保障监察机构要加强对这些重点行业的监察执法,公布举报投诉电话,及时处理举报投诉案件。严厉查处随意延长工时、克扣工资、使用童工等违法行为,维护农民工的合法权益。

(三)及时处理农民工劳动争议案件。劳动争议仲裁机构对农民工申诉的劳动争议案件,要及时作出是否受理的决定;对已受理案件,在条件允许的情况下要依法采取简易程序快速审理;对因用人单位拖欠劳动报酬、工伤待遇等问题申请仲裁的案件,应视情况减免应由农民工本人负担的仲裁费用。各地区要加强劳动争议仲裁机构和仲裁员队伍建设。

(四)支持工会组织依法维护农民工的权益。地方各级政府要积极支持工会组织按照《中华人民共和国工会法》开展工会活动,维护农民工合法权益。各级劳动保障部门要指导、协调用人单位与工会在平等协商的基础上签订集体合同,并对集体合同的履行情况实施监督。

(五)做好农民工工伤保险工作。各地要认真贯彻落实《工伤保险条例》,将与用人单位形成劳动关系的农民工全部纳入工伤保险范围。用人单位必须为签订了劳动合同或形成事实劳动关系的农民工及时办理参加工伤保险的手续;发生工伤的,劳动保障行政部门要依法进行认定。未参加工伤保险的企业,农民工发生工伤的,企业必须按照《工伤保险条例》规定的标准支付工伤费用。要重点推进农民工较多、工伤和职业病风险程度较高的建筑、矿山等行业参加工伤保险。劳动保障部门要制订适合农民工特点的待遇支付方式,方便农民工参保和享受待遇。建筑施工企业要按照《中华人民共和国建筑法》、《建设工程安全生产管理条例》规定,为施工现场从事危险作业的农民工办理意外伤害保险,作为工伤保险的重要补充。

三、进一步健全完善劳动力市场

(一)整顿劳动力市场秩序。各地区以及劳动保障、公安、工商等部门要加大对大中城市劳动力市场清理整顿工作力度,重点打击职业介绍领域的各种违法犯罪活动,取缔各类非法职业中介机构。要进一步加强对民办职业中介机构的规范管理,引导和规范自发形成的零工市场。每年春节后,要集中一段时间清理整顿职业中介机构和劳动力市场秩序,并形成制度。

(二)探索建立城乡一体化的劳动力市场。劳动保障部门要会同有关部门选择部分农民工人数较多、劳动保障工作基础较好、公共就业服务能力较强的城市,开展城乡一体化劳动力市场的试点工作。试点工作内容主要是:改革城乡分割的就业管理体制;健全和完善公共就业服务体系,对包括进城就业农民在内的所有求职者提供就业服务;完善企业职工培训制度,提升农民工的职业素质;规范企业招用工行为,维护农民工合法权益。试点城市可进行全面的综合试点,也可根据本地实际选择重点内容进行试点。

地方各级政府,特别是城市政府要进一步提高认识,把改善农民进城就业环境作为重要职责,列入重要工作日程。要定期开展以"改善农民进城就业环境,维护农民工合法权益"为主题的普法宣传活动,增强用人单位依法用工和农民工依法维权的意识。要建立综合治理、齐抓共管的工作机制。要按照本通知要求,加强协调配合,结合当地社会经济发展状况,将农民进城就业纳入经济社会发展规划,制订本地区改善农民进城就业环境的实施方案。要层层落实责任制,掌握工作进度,注意总结经验,及时发现和解决工作中遇到的新问题。国务院将组织专项检查,督促改善农民进城就业环境和维护农民工权益的各项措施落到实处。

附录3
各省、自治区、直辖市劳动保障厅(局)劳动保障监察举报电话

省区市	举报电话	地址	邮编
北　京	010—63044923	宣武区永内西街5号	100050
天　津	022—27111830	和平区营口道36号	300040
河　北	0311—8616845	石家庄市维明北大街118号	050051
山　西	0351—3083786	太原市府东街261号	030002
内蒙古	0471—6945170 0471—6944617	新华大街自治区政府大院	010055
辽　宁	024—23896551	沈阳市和平区三好街65号	110004
吉　林	0431—8976110	长春市民康路386号	130041
黑龙江	0451—82621315	哈市南岗区文府街1号	150001
上　海	021—12333	安远路45号	200041
江　苏	025—83271730	南京市山西路68号颐和商厦4楼	210009
浙　江	0571—12333	杭州市体育场路596号	310007
安　徽	0551—2626655	合肥市长江路333号	230061
江　西	0791—6386385 0791—6386387	南昌市省政府大院南一路	330046
福　建	0591—7551984	福州市鼓东路44号	350001
山　东	0531—6101111	济南市公和街9号	250001
河　南	0371—5938665	郑州市政三街4号	450003

续附录 3 附表

省区市	举报电话	地址	邮编
湖 北	027—87815351	武汉市武昌区水果湖路 8 号	430071
湖 南	0731—4536767	长沙市东风路 139 号	410011
广 东	020—83317944	广州市教育路 88 号广东省劳动和社会保障厅	510030
广 西	0771—5878358	南宁市星湖路 35 号	530022
海 南	0898—65338722	海口市海府路 59 号省政府大楼 6 楼 609 室	570204
重 庆	023—63876776	渝中区人和街 28 号	400015
四 川	028—86131176	成都市陕西街 54 号	610041
贵 州	0851—5891433	贵阳市宝山南路 113 号	550001
云 南	0871—3638222	昆明市五华山	650021
西 藏	0891—6865721		
陕 西	029—87294683	西安市西五路 64 号农机物业大厦 3 楼	710004
甘 肃	0931—8440109	兰州市广场南路 51 号	730000
青 海	0971—6305402 0971—6320050	西宁市五四西路 5 号	810008
宁 夏	0951—5046653	银川市解放西街 136 号	750001
新 疆	0991—2309185	乌鲁木齐市和平南路 203 号	830000
新疆兵团	0991—2646957	乌鲁木齐市青年路 24 号	830002

附录 4

2004 年各省、自治区、直辖市最低工资标准

省区市	标准实行日期	最 低 工 资 标 准（元/月）						
北 京	2004.7.1	545						
天 津	2004.7.1	530	510					
河 北	2004.7.1	520	470	420				
河 南	2003.10.1	380	300	240				
山 西	2004.7.1	520	480	440	400			
内蒙古	2004.7.1	420	400	380				
辽 宁	2004.12.1	350						
其中：沈阳市	2005.3.1	450	400	350				
大连市	2004.7.4	440	400	320				
吉 林	2002.5.1	310	275	350				
黑龙江	2004.7.1	390	235					
上 海	2004.7.1	635						
江 苏	2004.7.1	620	500	440	360			
浙 江	2004.10.1	620	560	510	440			
其中：宁波市	2004.10.1	620						
安 徽	2004.10.1	410	390	370	360	340	320	310
福 建	2001.10.1	450	420	380	330	325	280	235
其中：厦门市	2004.7.1	530	470	400				
江 西	2004.9.1	360	330	300	270			
山 东	2005.1.1	530	470	420	380	350		
其中：青岛市	2005.1.1	530	470					
湖 北	2005.3.1	460	400	360	320	280		
湖 南	2004.7.1	460	420	400	380	360	320	

续附录 4 附表

省区市	标准实行日期	最低工资标准(元/月)							
广 东	2004.4.1	574	480	430	380	340	310	290	270
其中: 深圳市	2004.5.1	610	480						
广 西	2004.10	460	400	360	320				
海 南	2004.7.1	500	400	350					
重 庆	2004.3.1	574	570	520	465	460			
四 川	2004.7.1	450	400	340	280				
贵 州	2004.10.1	400	360	320					
云 南	2004.10.1	470	405	350					
西 藏	2004.11.1	495	470	445					
陕 西	2001.10.1	320	295	270	245				
甘 肃	2004.1.1	340	320	300					
青 海	2004.10.1	370	360	340	330				
宁 夏	2004.2.1	380	350	320					
新 疆	2004.5.1	480	440	380	370	360	350	330	320	300

主要参考文献

1. 李学太,赵明坤.农民进城务工指南.山东人民出版社,2004.7
2. 黄华波.进城务工就业指南.中国社会出版社,2003.10
3. 卜建业,陈焱,朱劼,范海阳.进城务工教育读本.中国劳动社会保障出版社,2004.4
4. 温铁军,邢晖.进城务工百事通.高等教育出版社,2004.10
5. 陆江舸.进城务工指南.广西科学技术出版社,2004.5
6. 中国建设教育协会.农民工进城务工必读.中国环境科学出版社,2004.7
7. 中国农村劳动力转移培训网.www.nmpx.gov.cn
8. 中国农业信息网.www.agri.gov.cn
9. 焦作农业信息网.www.hnjzagri.gov.cn